バリ島の
ミラクルで あなたの チャクラは もっと輝く！

７つのチャクラで宇宙とつながって、
幸せも豊かさも引き寄せる！

松下 仁美

VOICE

第1チャクラ

地球のエネルギーと身体をつなぐ「ルートチャクラ」

物質界の学びを教えてくれるチャクラ。
そして、人間がこの世界で命をつなぎ、
グラウンディングするための
大地のエネルギーを取り入れるチャクラ。

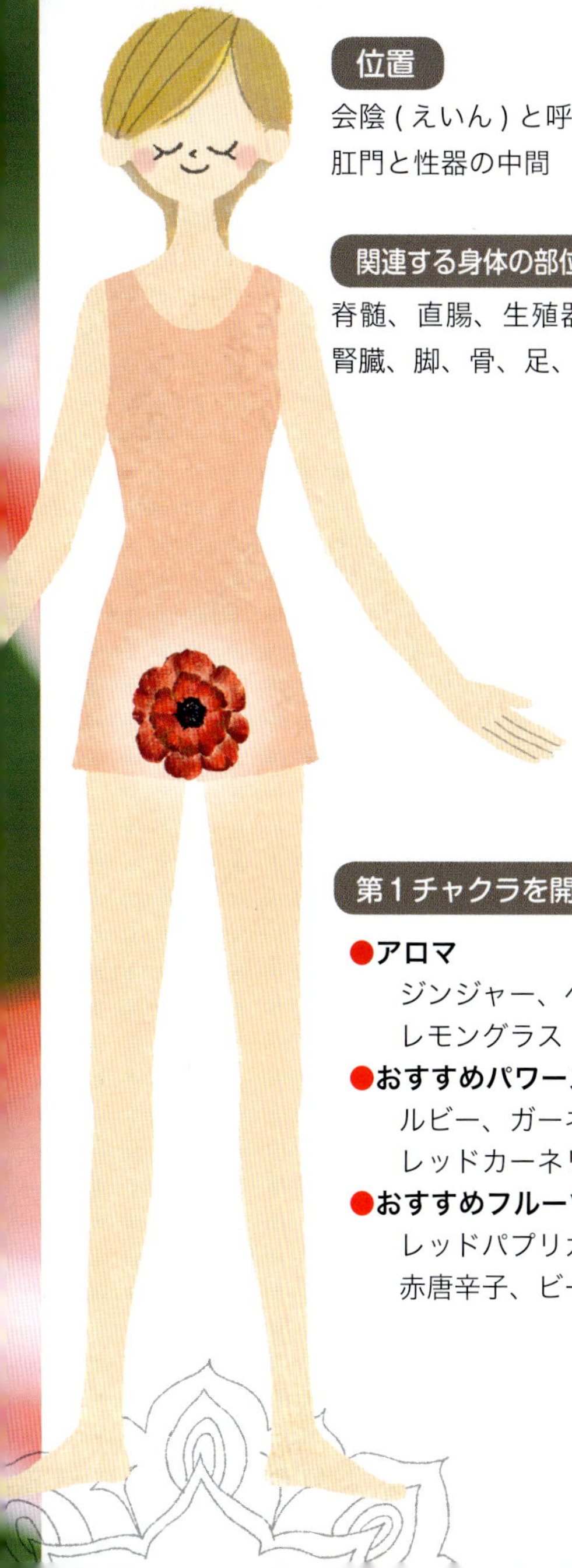

位置

会陰(えいん)と呼ばれる
肛門と性器の中間

関連する身体の部位・器官

脊髄、直腸、生殖器、排泄器、
腎臓、脚、骨、足、免疫系

第1チャクラを開くアイテム

- **アロマ**
  ジンジャー、ベチパー、
  レモングラス
- **おすすめパワーストーン**
  ルビー、ガーネット、
  レッドカーネリアン
- **おすすめフルーツ&野菜**
  レッドパプリカ、
  赤唐辛子、ビーツ

第2チャクラ

人生を楽しむパワーを与えてくれる「丹田のチャクラ」

第１チャクラからの生命のエネルギーに、
生きる息吹を吹き込む第２チャクラのエネルギー。
パートナーシップや人間関係を育みながら、
喜びにあふれた人生を送るために大切なチャクラ。

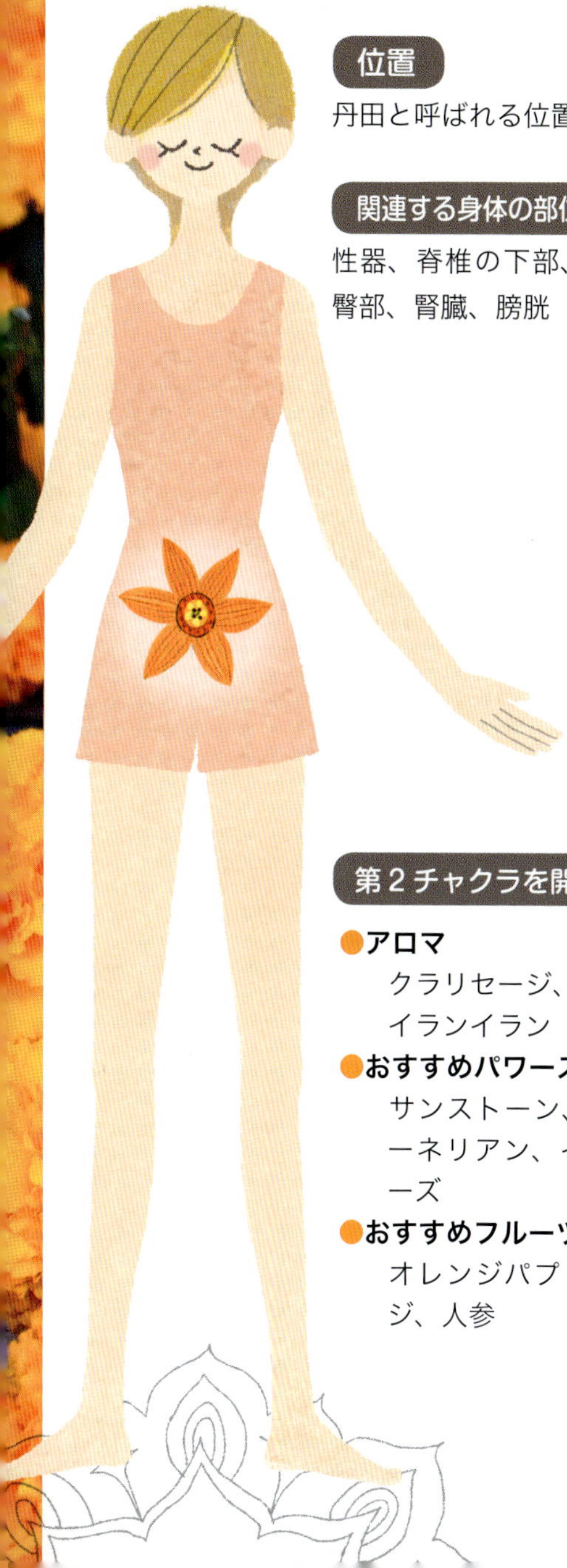

位置

丹田と呼ばれる位置

関連する身体の部位・器官

性器、脊椎の下部、腸、骨盤、臀部、腎臓、膀胱

第２チャクラを開くアイテム

●アロマ

クラリセージ、ジャスミン、イランイラン

●おすすめパワーストーン

サンストーン、オレンジカーネリアン、イエロートパーズ

●おすすめフルーツ＆野菜

オレンジパプリカ、オレンジ、人参

第3チャクラ

あなたらしさを輝かせ、
自信をくれる「精神のチャクラ」

“本当のあなた”を確立して、
自尊心を育ててくれるチャクラ。
あなたが持って生まれた才能は何？
あなたには、どんな個性があるの？
自分自身がわかることで、あなたはもっと輝ける！

位置

肋骨とおへその中間、
太陽神経叢のあたり

関連する身体の部位・器官

自律神経が集まる太陽神経叢、
胃、すい臓、副腎、小腸、
胆のう、肝臓など

第3チャクラを開くアイテム

- **アロマ**
  レモン、ブラックペッパー、
  ライム
- **おすすめパワーストーン**
  ルチルクォーツ、シトリン、
  イエローシトリン
- **おすすめフルーツ＆野菜**
  レモン、イエローパプリカ、
  バナナ

第4チャクラ

慈しみの心を育てる「ハートのチャクラ」

本当の愛って何？
恋愛という“愛”だけではない、
無条件の愛を教えてくれるのが、ハートのチャクラ。
エゴを超えて、すべてのものを慈しむ心を育てて。

位置

胸部全体、心臓や肺のあたり

関連する身体の部位・器官

心臓、循環器系、肋骨、胸、肺、肩、腕、手、横隔膜など

第４チャクラを開くアイテム

- **アロマ**
  ラベンダー、サイプレス、ベルガモット
- **おすすめパワーストーン**
  クンツァイト、ペリドット、ローズクォーツ
- **おすすめフルーツ＆野菜**
  レタス、ズッキーニ、キュウリ

第5チャクラ

あなたの“声”を発信する「スロートチャクラ」

コミュニケーションを司る喉のチャクラ。
あなたは、きちんと自分らしさを表現している？
もっと自由に、もっとオープンに、
喉のチャクラを開いて、あなたの声を世界に届けて！

位置

首のエリア全体から喉にかけて

関連する身体の部位・器官

喉、甲状腺、気管、食道、視床下部、首の骨、口、顎、歯など

第５チャクラを開くアイテム

- **アロマ**
  ティーツリー、サイプレス、ユーカリ
- **おすすめパワーストーン**
  ブルートパーズ、アクアマリン、アマゾナイト
- **おすすめフルーツ＆野菜**
  ブルーベリー、マーロウ、にんにく

第6チャクラ

直感を降ろしてくれる「サードアイチャクラ」

「第3の目」のチャクラが開けば、
宇宙からのインスピレーションが降りてくる。
直感が導いてくれるヒントで、
ミラクルな未来を切り開いて。

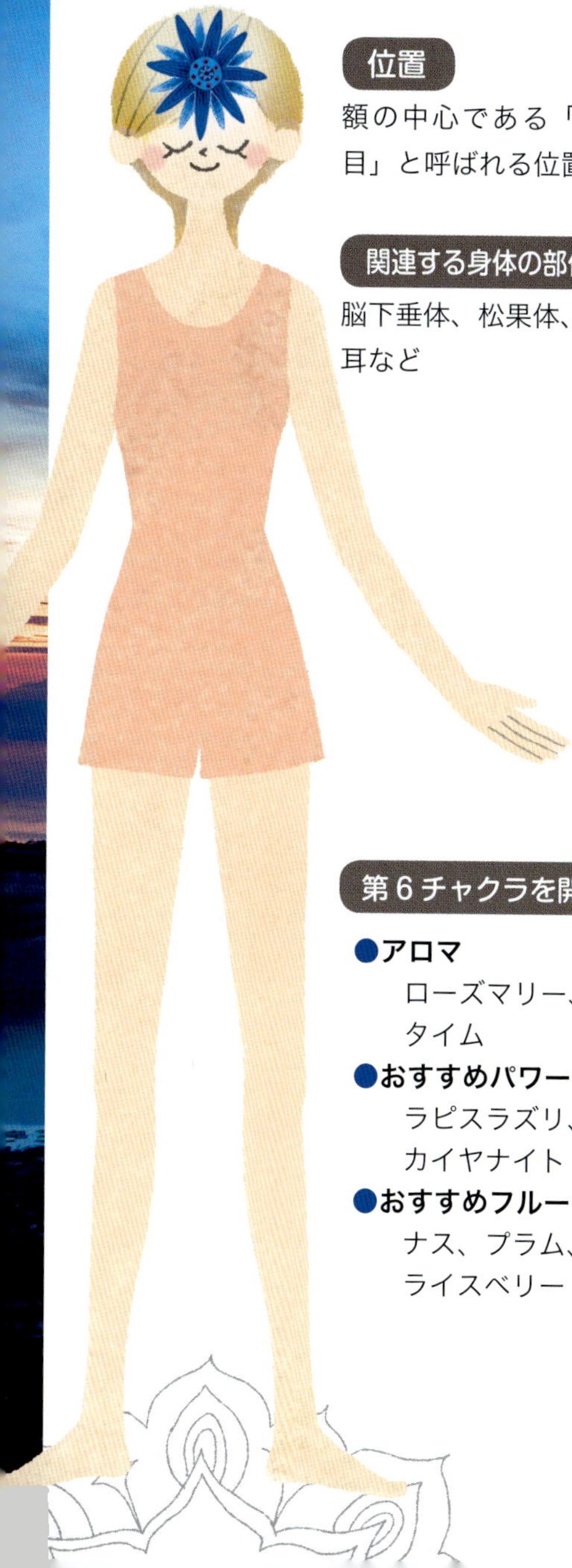

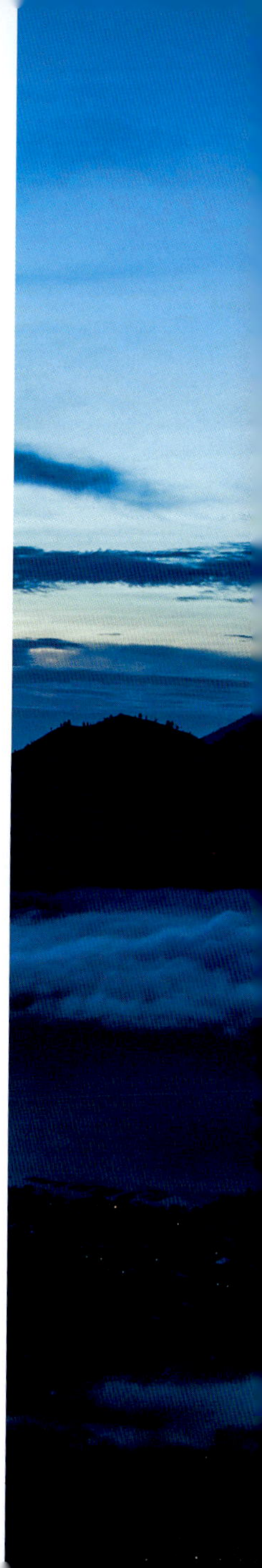

位置

額の中心である「第３の目」と呼ばれる位置

関連する身体の部位・器官

脳下垂体、松果体、目、鼻、耳など

第６チャクラを開くアイテム

- **アロマ**
  ローズマリー、ジュニパー、タイム
- **おすすめパワーストーン**
  ラピスラズリ、サファイア、カイヤナイト
- **おすすめフルーツ＆野菜**
  ナス、プラム、ライスベリー

第7チャクラ

高次の宇宙とつながる「クラウンチャクラ」

霊性について教えてくれるチャクラ。
天頂のチャクラから宇宙の愛とつながると、
叡智がハイヤーセルフを通じて降りてくる。
生かされていることに感謝を捧げて！

位置

頭頂部

関連する身体の部位・器官

松果体、下垂体および神経系、
身体全体、精神面など

第７チャクラを開くアイテム

- **アロマ**
  サンダルウッド、
  フランキンセンス、ミルラ
- **おすすめパワーストーン**
  アメジスト、アイオライト、
  スギライト
- **おすすめフルーツ＆野菜**
  ブドウ、紫芋、アカミズナ

基本になる7つのチャクラだけじゃない！

ボディをとりまく「13のチャクラ」とは？

13のチャクラは、人体の周囲のアストラル体までをひとつのボディと捉えたときに機能するチャクラになります。

この13のチャクラを意識することで、基本になる7つのチャクラの活性がよりスムーズに行われ、さらにパワフルな変化を起こすことが可能になります。
<P161を参照>

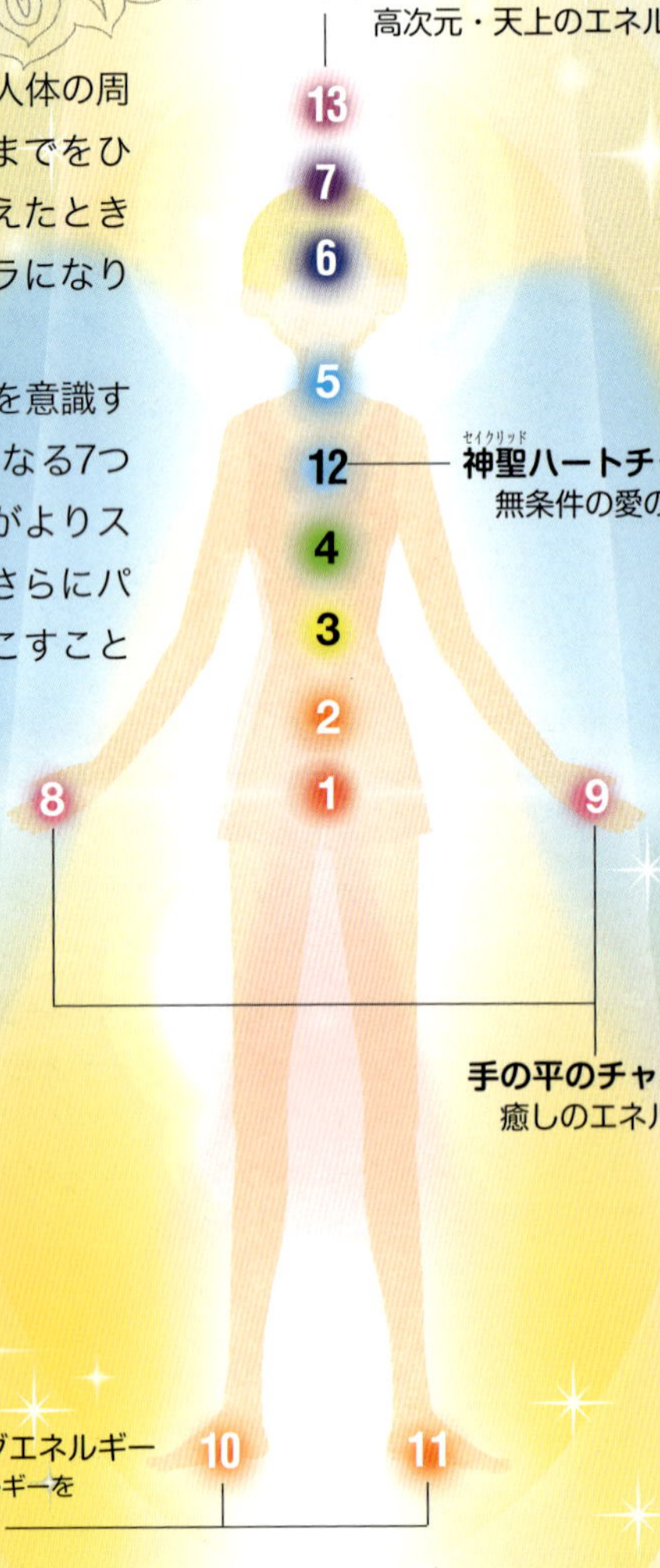

バリ島のミラクルであなたのチャクラはもっと輝く！

7つのチャクラで宇宙とつながって、
幸せも豊かさも引き寄せる！

松下 仁美

はじめに

ようこそ、チャクラの世界へ！

皆さんは、チャクラという言葉をこれまでどこかで聞いたことがあるはずです。

チャクラについての知識も、ある程度ご存じの方も多いはずです。

でも、今回、私は皆さんにチャクラのことをもっと知っていただきたくて、私が最も得意とするチャクラについての本を改めてまとめることにしました。

なぜならば、私たちは、チャクラの状態次第でもっと幸せになれるし、もっと輝いた人生を送ることができるからです。

私が最初にチャクラに興味を持ったのは、小学生の頃でした。

身体から発するエネルギーの存在に気がついてから早や数十年、今ではさまざまな方法でチャクラをコントロールすることができるようになりました。

そして、チャクラのことを長年学んできた私が今、チャクラについて一言でまとめるならば、それは、「チャクラが開いていると、ハッピーになれる」ということです。たとえば、物事がスイスイと運んだり、シンクロニシティが立て続けに起きたり、健康面や恋愛面にもいいことがたくさん起きて、人生を楽しく幸せに生きることができるのです。

また、チャクラが開くことで、感性も鋭くなり、エネルギーも充実するので、いろいろなことに興味や関心が湧いて行動力もグンとアップしてきます。

そうすることで、自分の未来も望む方向にどんどん変えていけるのです。

私自身も、チャクラを意識して生きるようになったことで、年齢を重ねるたびに、幸福感がどんどん増してくるようになりました。

子どもの頃は、「大人になるって、つまらなさそう!」と思っていたのに、こんなに楽しくて幸せな大人の世界が待っていたとは自分でも驚きです。

また、チャクラは「開く」だけではなく、「成長させる」ことができるのも特徴です。

チャクラを開いて持続させることができたなら、あなたの感受性はより鋭敏になり、何げない出来事に感謝ができるようになったり、小さな幸せを大切にするようになったり、幸福感もさらに持続するようになってきます。

たとえば、私の場合は、この人生でご縁のあるソウルメイトのような人に出会うと、幸せと感謝を感じて、思わず気絶しそうになったりもします。

実際に、本当にその場で気絶しないように必死になることもあったりするのです（笑）。

ちなみに、この本ができるまでにもたくさんの出会いがあって気絶しそうでした。

さて、チャクラが開くと、感受性もアップしていいことがたくさんある代わりに、逆に、つらいことや悲しいことも感じやすくなるのも事実です。

でも、その辛さや悲しさもさらにあなたの感性を成長させることで、それを人生の学びに変えたり、チャレンジとして捉えたりすることができるようにもなるはずです。

チャクラは、目に見えるものではありません。

でも、私たちが生きていくための〝エネルギーの源泉〟であるチャクラの世界は、実際に存在しています。

そんなチャクラの世界を、この本を通して詳しくご紹介していきたいと思います。

特に、縁があって暮らしたバリ島の人々のチャクラが輝いているヒミツも、惜しみなくこの本では公開していきます。

バリ島のミラクルを用いることで、あなたのチャクラはもっと輝くことが可能になるはずです。

あなたがご自身のチャクラをキラキラと輝かせて、望む限りの幸せを手に入れられることを祈っています。

松下仁美

contents

contents

第1章

バリ島のミラクルで チャクラは輝く

チャクラのことが〝わかった〟私

「チャクラのことを、どうやって学んだのですか？」

人間の身体にある7つのエネルギーセンターであるチャクラを開くことの大切さ、また、すべてのチャクラのバランスを取る意義などを、セッションやワークショップなどを通して皆さんにお伝えするようになって、すでに約20年経とうとしています。

そんな私には、よくこのような質問をいただくことがあります。

そんなときに私は、いつもこのようにお答えしています。

「チャクラのことは、なんとなく自分でわかったのです」

実は私は、チャクラに関することは、スクールやワークショップなどを通して学んだわけではなく、また、特に書籍を読んで勉強したわけでもありません。

なにしろ、私がチャクラのことをセッションなどでお伝えしはじめた頃は、まだインターネットもほとんど普及しておらず、チャクラについての情報はまだまだ少ない時代でした。今日でこそ、世の中にはチャクラに関する本や、ネットのスピリチュアル関係のサイトなどにも情報があふれています。

そこで、今ではそれらを目にする機会があると、〝自分が知っていること〟とそれらの情報がほぼ同じ内容であることを確認したりすることはあります。

では、私は、どのようにしてチャクラのことを理解したのでしょうか？

それは、自分でわかったとしか言いようがないのです。

私は、ものごころついた頃から、「人間はエネルギーでできている」ということをさまざまな体験を通して自分で実感してきました。

チャクラに関しても、「私たち人間の身体には、生きるためのエネルギーを発電しているような場所が身体にあり、そこが活性化していれば私たちは元気でいられる」ということを子どもながらに、自分の身体をもって理解していたのです。

また、人間のエネルギーが渦巻く場所がチャクラなら、そこからエネルギーが放射するように身体からあふれ出るものが人間の身体を取り巻くオーラと呼ばれるものである、ということもまた自分の感覚で捉えてきたのです。

人間の身体にある7つのチャクラ

それでは、チャクラとはどのようなものでしょうか？

人間の身体には、7つの主要なチャクラがあります。

それらの7つのチャクラは、エネルギーラインである尾骨から頭にかけて背骨に沿って第1チャクラから第7チャクラまでが順番に位置しています。

それぞれのチャクラがエネルギーセンターとして各々の意味と特徴を持ち、私たちのココロとカラダの状態を左右したり、調整をしたり、バランスを取ったりしているのです。

つまりそれは、種類の異なるエネルギーが7つのチャクラから出入りしながら、常に私たちの身体を循環してエネルギーを巡らせている、ということでもあり、そのエネルギーのバランスが取れていると私たちは健康を保つことができたり、精神的にも安定したりします。

反対に、エネルギーの状態が悪かったり、バランスが取れていないと体調は不調にもなるし、精神的にも不安定になったりします。

また、もっと正確に言うと、人間のチャクラはこの主要な7つだけではありません。

たとえば、東洋医学などのツボや鍼《はり》治療などは、経絡《けいらく》と呼ばれているエネルギーラインが身体に張り巡らされていて、それらを活用しながら施術や治療が行われていることをご存じの人も多いと思います。

経絡のエネルギーライン上に沿ってある無数のツボも、言ってみればエネルギーの出入りが行われているスポットなので、そういう意味では「小さなチャクラ」と呼べるのです。

この本では、７つのチャクラ以外に13のチャクラのお話もしていきたいと思います。

私たちの身体にある７つのチャクラ

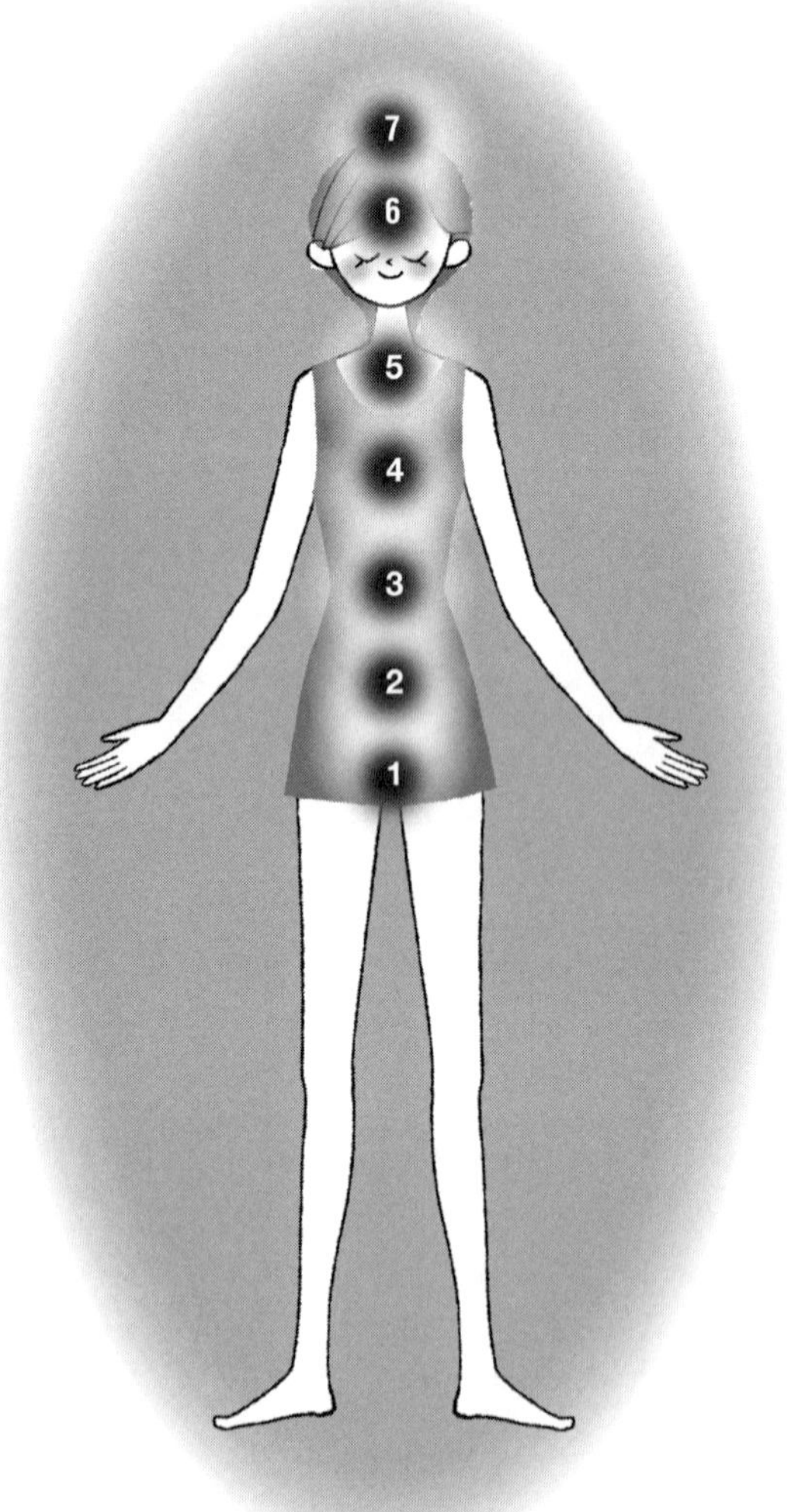

バリ島の現地の人々のチャクラに驚愕《きょうがく》

詳細なチャクラの知識については、第2章でお伝えしていきますが、ここで7つのチャクラのそれぞれの基本的な役割を簡単にお伝えしましょう。

第1チャクラで生命力のエネルギーが生み出され、
第2チャクラで生きる喜びを覚え、
第3チャクラで精神的なエネルギーがみなぎり、
第4チャクラで無条件の愛を育み、
第5チャクラで豊かなコミュニケーションを行い、
第6チャクラでインスピレーションを捉え、
第7チャクラで宇宙のひらめきを受け取る。

つまり、以上の7つのチャクラの役割を総合的にまとめると、チャクラとは、私たち人間が「人として生存しながら、心身共に健康であり、夢や希望を叶えながら、それぞれの人生を思い切り生きる」ためのエネルギーの源泉のようなものです。

そんなエネルギーの源であるチャクラの状態は、先述のようにその人の生き方や心の持ち方、つまり、その人のエネルギー次第で変わってきます。

当然ですが、いつもイキイキはつらつとしている人のチャクラは輝いているし、いつもなんだか暗く、ネガティブな人のチャクラはよどんでいます。

もちろん、その逆もまたしかりです。

チャクラの輝きが失われることで、ココロにもカラダにも疲れや不調が出てくるのです。

それでも、人によって多少の差はあっても、人間のチャクラというものについてある程度は理解をしていた、と私は思っていました。

そう、バリ島に降り立つまでは……。

実は、数年間ほどバリ島に住む機会を得た私は、それまでの自分の中にあったチャクラに対する考え方をまた新たにすることになったのです。

それは、バリ島の現地の人たちのチャクラを見たときのことでした。

バリの人々のチャクラはオープンに開き、キラキラと輝いているのです。

これまで日本の人を中心に大勢の人のチャクラを鑑定を通して〝観てきた〟私は驚いてしまいました。

「どうして、日本の人に比べて、バリ島の人たちのチャクラはこんなにも開いているの？」

バリ島にいる観光客たちは除き、ほぼ例外なくバリ島にいる現地の人々のチャクラはキラキラと輝いているのです。

そして、そのヒミツは、実は、バリ島に住む人々のある習慣にあったことを知ったのです。

そのヒミツについては、後で詳しくお話ししますね。

とにかく、バリ島に住む現地の人々のように、日本の人たちのチャクラももっとイキイキ元気になってほしい。

そんな思いから、「バリ島のミラクルでチャクラを開く」コツをこの本を通してお伝えしていきたいと思ったのです。

それではその前に、まずは、私がどのようにしてチャクラに興味を持ち、チャクラのことを理解できるようになったのか、また、バリ島との縁がどのようにして生まれたのか、などからお話ししていきたいと思います。

子どもの時に気づいた「手の平のチャクラ」

私が最初に「人間はエネルギーからできている」ということに気づいたのは、まだ小学校低学年の頃。

いつも元気が有り余るほどの女の子なのにワンパクだった私は、外で遊ぶのが大好きな活発な子でした。

ある日、いつものように授業の前の早朝ドッジボールをして皆と遊んでいると、両手の平の真ん中あたりの感覚がおかしいのに気づきました。

それは、身体の中から勢いのある〝何か〟が手の平から外に向かって噴水のように吹き出している、というような感覚だったのです。

まだ子どもの私にとって、それは自分ではまったく理解できない不思議な現象でした。

正直に言えば、大人だってそんな現象は理解できないのではないでしょうか。


その〝何か〟とは、ゴーゴーと風が音を立てて吹くように激しく手の平から噴き出すような感覚で、私はただただ困惑するばかりでした。

その後、手の平にもチャクラがあることを知ったのですが、もちろん、その頃はまだ、その現象が身体を巡っているエネルギーが手から放出されている、ということまではわかりませんでした。

ただし、その現象は、自分が思い切り楽しんでいる瞬間にいつも起きていたことから、決して悪いものではない、ということだけは直感的にわかっていました。

今思えば、それは、成長期の子どものパワフルなエネルギーが有り余るほど活性化するために起きていた現象なのだと思います。

ただし、その手の平の真ん中が痺れるような感覚は、実際には痛みを伴うほどの違和感だったので、私にとっては居心地がいいものではなく、そのうち、気づけば私は、無意識に両手を閉じてグーのように握るようになっていました。

手の平をグーで握りしめていると、手の平にエネルギーが噴き出すときの痛さを感じないのです。

最初は、そんな手の平の感覚は、一緒に遊んでいる友達たちも同じ感覚を味わっているかと思っていたのですが、周囲の皆は手の平を広げたままでも何の痛みも感じていないようです。

「仁美ちゃんは、どうして手の平がいつもグーになっているの？」

ついにある日、遊び友達のひとりに質問されてしまいました。

そんなとき、私は次のように答えるしかありませんでした。

「えっとね、私、ドラえもんが好きだからだよ！」

友達には私が感じているこの現象を話してもたぶん理解してもらえないだろう、ということはわかっていました。

そしてまた、この現象を上手く伝える術《すべ》も子どもの私にはまだ無理だったのです。

そこで、子どもながらにして、このことに関しては、さしつかえない回答をした方がいいという〝大人の対応〟をすることを覚えたのでした。

その頃から、私は周りの皆とちょっと違うところがあるのかな、と思うようになりました。

人の〝思い〟もエネルギーからできている

そんな、人とはちょっと違うところがある、というのは家系的なものがあったからかもしれません。

私の一家は代々、自然に見えない世界とつながっているような一家でした。

たとえば、ある宗教家の偉い方などが、宗教などは信じていない母親にアドバイスを仰ぎに自宅に来ていた姿をよく見ていました。また、祖母も今で言うレイキのようなエネルギーワークで人を癒すヒーラーのようなことをしていたのです。

また、妹などは私よりも、もっと見えない世界と通じているような子でした。

たとえば、妹とは実際に会話をせずにテレパシーだけで意思疎通をすることに慣れていたので、人前に二人でいる際などは、「二人ともしゃべらないのね」「おとなしい姉妹ね」などと言われたりすることもしょっちゅうでした。

そんなとき私たちは、「こんなにもさっきから二人でずっとおしゃべりしているのにね！」と笑いながら目配《めくば》せし合うようなこともよくありました。

そんな見えない世界を当たり前として受け止めている一家で育った私が、「人間はエネルギーでできている」ということを理解するのに時間はかかりませんでした。

また、すでに小学生の頃から、人間の心もエネルギーである、ということも理解するようになりました。


人の思いは、目には見えるものではありません。

でも、ポジティブな思いはポジティブに、ネガティブな思いはネガティブなものとして、自分だけでなく、周囲にもエネルギーのように伝わるということを知ったのです。


まだ小学生だったある日のこと、クラスのある友達の誕生日会に誘われました。

子どもたちの社会《ソサエティ》において、誕生日会というのは、ホスト役の子が招待する友達の数で自分が人気者であることをアピールをする一大イベントです。

　また、誰を招待する、しないということで子どもながらに微妙な関係にもなったりする結構シビアなイベントでもあるのです。

「仁美ちゃん、今度の週末は、私の誕生日会に来てね！」

　仲の良い友達だけ呼ぶと前から言っていたその友達に誘われた私は、うれしくて飛び上がりそうでした。

　すると、その瞬間にその友人の声が私の頭の中に飛び込むように響いてきたのです。

「でも、仁美ちゃんを呼ぶのは頭数に必要だから！」

　その瞬間、私は思わずフリーズしてしまいました。

「私たち、本当は友達じゃなかったんだ……」

　なんと、その声は彼女の心の声だったのです。彼女の心の奥底にある本音を知って、私がしばらくの間、落ち込んでしまったのは言うまでもありません。

人の心の思いは、エネルギーとなって相手にもダイレクトに届くのです。

以降、人の気持ちや念が望まないのにわかってしまう私は、それでも、問題を起こしたくないことから、相手の本音に知らないふりをすることを覚えました。


そんな体験をしてしまう私は、「自分はどこかおかしいのかな」と思うと同時に、「どうして人は、ウソをつくのだろう」ということに悩み苦しむことも多かったように思います。

幼い頃は、ただただ野性児でワンパクだった私も、だんだんとそのような体験を通して、社会で生きていくための〝マナー〟を身につけながら大人になったのです。

言葉にも色がついている

私のチャクラに対する理解は、小さい頃から色を感じ取ることができるというギフトに恵まれたことも大きいでしょう。

ご存じのように、それぞれが7つの色を持つチャクラと色には、深い関係があります。それぞれのチャクラの色はまた、エネルギーの違いを表現しています。

私にとって、人の思いなどのエネルギーにも色がついている、ということが日常の中では珍しいことではありませんでした。

たとえば、私たちが話す言葉には色がついている言葉がたくさんあります。「バラ色の人生」「気持ちがブルーになる」「思わず青ざめてしまった」「黄色い歓声を上げる」「腹黒い人」……。

こういった言葉の中に色がついた言葉は、普通の人にとっては、たとえや比喩であるかもしれません。

でも、私には、ある人が「気持ちがブルーになる」とつぶやけば、その人は本当にブルーの色を周囲にまとって見えるのです。

また、「彼氏ができて、もう気分はバラ色なんです！」と喜びながら語る女性からは、本当にバラ色のオーラが身体から発せられているのです。

もちろん、それらの色は肉眼で見る色というよりは、心の目で観る色、または、サードアイで感じる色の感覚と言ったらいいでしょうか。

その人が感じる、または語る言葉に出てくる色を私はそのまま感じるのです。

「言霊」という考え方もあるように、その人の思うこと、そして、語ることは実際にそのままエネルギーとして表現されているのです。

実際に、私のこの色を感じとる能力は、私の中で7つの色を持つチャクラへの理解をより深めることになりました。

色には、それぞれに対応した周波数や波動がありますが、私には身体にある特定のチャクラが弱っている場合、そこのエリアは黒くなって影のように感じられるのです。

第2章では、弱くなっているチャクラを強化していく方法もお伝えしていきたいと思います。

このようにして、色も感覚として捉えていた私は、「暗い」感じのする場所には事前にその気配を感じて近づくこともありませんでした。

また、「ブルーな気持ち」になりそうなことは、あえて最初からしないようにする、というように色で行動を判断することも多かったように思います。

やはり、「ブルーな気持ち」を感じたくはないからです。

満を持してスピリチュアルの世界へ

小さな頃から大人びていた私は、周囲の誰よりも社会に出るのが早かったようです。

16歳から学校の傍ら簿記の学校へ行って経営の勉強をすると、父親の介護に携わりながらも気づけば、20歳すぎにはすでに社会に出てお店を持ち起業をしていました。

20歳にして従業員を抱えながら幾つもの仕事を掛け持って忙しく働く当時の私は、スピリチュアルな世界とはまったく無縁な生活をしていました。

けれども、今になって思うと、当時のスピリチュアルとまったく無縁な体験は私には必要な時期だったのです。

個人セッションなどで多くの方に会うと、その方たちが直面しているさまざまな問題に私も向き合うことになります。

そのときに、かつて介護をしていた体験や経営者としての体験、また女性が自立して働く大変さなど、自分が社会で実際に経験してきたことが、現在皆さんのカウンセリングをする際に大いに役に立っているのです。

なぜならば、私もまた、それぞれの辛さや苦しみを同じように体験してきたからです。

　さて、その後社会に出て約10年たち、時は実って、ついに私もスピリチュアルの世界に足を踏み入れることになりました。

　すでにお店の経営にも慣れていた私は、アロマサロンを立ち上げると同時に、アロマの講師としても活動をはじめたのです。

　けれども、その頃はまだ、スピリチュアルという言葉さえあまり浸透していない時代。

　お客様にもアロマのマッサージを通して、密かにチャクラを調整するという感じでした。

　あるとき、施術をする方へ私からエネルギーを伝授することで、チャクラがより活性化することなどもわかってきました。

　今では、エネルギーの伝授なども、「アチューンメント」という言葉でも知られていますが、当時はまだまだ認知されておらず、エネルギー伝授ではレイキが一般的でした。

　そこで、私が宇宙から受け取っているチャクラを開き、活性化するエネルギーを「ハッピー星」からのエネルギーということで皆さんに伝授することにしました。

宇宙からのメッセージでバリ島へ

そんな活動を続けていたある日、私にあるひとつのメッセージが宇宙から降りてきました。

それは、「今すぐバリ島へ行くように」というものでした。

その、有無をも言わさぬ確固とした宇宙からの指示に、私はその日からたった2カ月間でバリ島へ引っ越す準備を行い、すべてを捨てて夫とバリ島へと飛ぶことになったのです。

そして、バリ島へ到着して約1カ月が経った頃、運命を変えるほどのひとつの大きな出会いが訪れました。

その頃の私は、バリ島で古来より伝わる秘儀である「ホワイトマジック（白魔術。治療やヒーリングを行う呪術）」を自分のヒーリングに使えないかと思い、人を介してホワイトマジックを使える人に何人かお会いしていました。

それまですでに２人ほどお会いしていたのですが、私にとってまだピンと来る人とは出会えていませんでした。

そんなある日、今度はホワイトマジックのエキスパートでもあり、バリ・ヒンドゥの寺院の僧侶の方を紹介していただくことになりました。

すると、その方は私に会うやいなや、「あなたのチャクラをチェックさせてください」と言うのです。

私は、その申し出にちょっと面食らってしまいましたが、「何かのテストのようなものかな」と断る理由もないので、彼らにチャクラのチェックをしてもらうことにしました。

基本的に、バリ・ヒンドゥの教えは、インド仏教やヒンドゥ教にバリ島の土着の信仰が習合した教えであるために、チャクラについての知識を持つ方たちも多いことから、私の方も、特に不思議に思うこともありませんでした。

どうやら私のチャクラの開き方は合格のようでしたが、ふと私は、寺院の中に入ってからずっと見えていたあるものが気になり、何気なくその方に質問をしてしまったのです。

「あの白い光は何ですか？」

その寺院の中で、何かの身体を白い光がかたどっているようなものが私には見えていたのです。

私の質問に、その僧侶の方は血相を変えると、逆に、私に質問をしてきました。

「あなたは、あの光が見えるのですか？」

私がうなずくと、彼は信じられないという表情で答えてくれました。

「あの光は、バリ島を守っているバリ・ヒンドゥの最高神の光なのです」

実は、私に見えていたその光は、聖職者でも見えない人のほうが多いらしく、その方も大変驚いていました。

そして、私のほうこそ後で聞いて驚いたのですが、その僧侶の方は、バリ・ヒンドゥの聖職者として最高位にある方だったのです。

さらにびっくりしたことに、その方は私に、僧侶になることを勧めてきました。

ご存じの人もいるかもしれませんが、バリ島ではカースト制があり、聖職者にはなりたくても簡単になれるものではありません。

また、同じ聖職者でも聖職者としてのカースト制があるために、上のランクに上がって行けない人もいるのです。

それなのに、日本から来たばかりの私が突然、高僧のランクになることを勧められたのです。

僧侶になることなどまったく望んでもいなかった私は悩みましたが、バリ島へのメッセージから導かれてきてトントンと進んで行くこの不思議なご縁を有り難く受け入れることにしました。

最高位の僧侶の方からは、「神様がお喜びになっていらっしゃいますよ！」と言っていただきました。

どうやら、私のチャクラの状態、そして私がバリ島の神様を見て、神様とつながったことがその方にとってのテストのようなものだったらしいのです。

このようにして、その後、準備も整い、ついに私はバリ・ヒンドゥの聖職者になることになりました。

でも、現地の常識では突然やってきた外国人が高僧になることは考えられないことであることから、反対する人もいました。

また、お金でその地位を買ったのではないかと疑う人もいたほどです。

それでも、私は儀式を経て晴れて外国人初の「パンディタ」という位の正式な聖職者になることになりました。

そこから私たち夫婦は、寺院に住み込み、朝5時に起きて1日に数回行われる儀式の練習に励む日々が続きました。

それは私にとって、祈りを捧げる毎日であり神とつながるレッスンでもあったのです。

バリ島の人のチャクラが開いている理由

さて、「バリ島の現地の人たちはチャクラが開いている」と申しましたが、その理由をここで明らかにしたいと思います。

それは、バリ島の人たちは「祈ること」を大切にしているからです。

もちろん、日本の人だって祈ることは大切にしているかもしれません。

たとえば、元旦には神社に初詣に行ったり、お願いごとなどがあれば神社やお寺にお参りに行ったりすることもあるはずです。

毎朝、仏壇や神棚に手を合わせる人もいるでしょう。

それでも、日本人にとって、祈ることはどちらかと言えば、少し特別なものなのではないでしょうか。

けれども、バリの人々の祈りはもっと生活習慣の中に強く、濃く溶け込んでいるものです。

1日に何度も祈りの儀式を行うバリ島の人たちにとって、祈ることは食事をすることや、睡眠をとることのように当たり前のものであり、「祈り」なしでは彼らの生活は成り立ちません。

たとえば、「祈り」で病気を治したり、無くなったものを見つけたりなど、「祈り」は彼らにとって、日常生活の中で欠かせない生きる術なのです。

また、朝、昼、晩と1日に3回は祈りの儀式をする現地の人たちは、自然と共存しながら生きています。

バリ島に観光に行ったことがある人は滞在中に、お花や食べ物などが椰子《やし》の葉で編まれたお皿の上に添えられているお供え物が、あちこちに置かれているのを見たことがあるはずです。

この「チャナン」と呼ばれるお供え物は、1日に3回ほど取り替えられます。

バリ・ヒンドゥの教えでは、日本における八百万《やおよろず》の神の考え方のように、生きとし生けるものすべてに神が宿っているという考え方をしていることから、あらゆるものにお供え物をする習慣があります。

チャナンが地面より上に置かれているときは神様に、そして地面に置かれているときは悪霊への捧げ物となりますが、悪霊には、「どうか、悪さをしないでください」という意味でお願いをすることになります。

少し大きな家になると、このチャナンを1日に何十個も捧げる家もあるほどです。

バリ島の人々は、神々と共存していることを彼ら自身も自覚しています。

たとえば、缶コーヒーを飲んでいたある男性が、半分だけ飲んで、「残りは蟻にあげるんだよ」といって残りの半分が入った缶を地面に置いたりする光景を見たことがあります。

金銭面から見た生活の豊かさで言えば、決して豊かな島ではないのかもしれませんが、それでも、自分が持っているものを神と分かち合う、という豊かな精神を持ち併せているのがバリの人たちなのです。

この神々と共存するという人々の意識が、バリ島が「神々の島」と呼ばれる所以《ゆえん》かもしれません。

そんなバリ島の人々は、チャクラが開いているとお伝えしましたが、特に開いているのが、サードアイの位置である第6チャクラと、天頂チャクラでもある第7チャクラだと言えるでしょう。

つまり、毎日、祈りを捧げることが習慣になっている彼らは、それだけ、神とのつながりが強いチャクラが開いているのです。

ただし、スピリチュアルな世界と通じやすいということは、注意も必要です。

特に、バリの神様は良い神様と悪霊と2つに分かれているように、善と悪、白と黒などの二極の考え方をすることから、ホワイトマジックもあれば、その反対のブラックマジックを使うようなこともあるのです。

第6、第7チャクラが開いているからこそ、その効果もまた良きにつけ、悪しきにつけ絶大だったりするのです。

そういう意味でも、チャクラはバランス良く開くことが大切であり、また、エネルギーである心の持ち方も重要になってきます。

この本では、チャクラのバランスを正しく取る方法もお伝えしていきたいと思います。

それでは、第2章から各チャクラの特徴とそのチャクラを活性化する方法をバリ島のミラクルを織り込みながら、詳しくご説明していきたいと思います。

第2章

ココロとカラダ、そして、運命を変える7つのチャクラ

あなたのチャクラの状態をチェック

「あなたのチャクラの状態はどうですか？」

などと質問をされても、ピンと来ない人が多いのではないでしょうか。

そうなのです。身体の中の７つのエネルギーセンターでもあるチャクラの状態は、自分の目で見て確認できるものではありません。

けれども、そんな目には見えないエネルギーであるチャクラは、実は、私たちの目に見えるカタチで、身体の状態に現れたり、また、自分が感じられるココロの症状として、常にあなたにサインを送ってくれたりしているのです。

ここでは、自分にとってどのチャクラが弱いのか、どのチャクラのワークが必要なのかチェックしてみましょう。

ブロックごとの質問に答えながら、自分にとって「ＹＥＳ」と答えられるものが多いブロックはどのブロックになりますか？

第1ブロック

- □ 休日には寝ていることが多い
- □ 生きるのがつらいと感じることがある
- □ 人と争うことが苦手
- □ 疲れやすく体力がない
- □ 以前より人と会うのがわずらわしくなった
- □ どちらかと言うと便秘がち
- □ 食事にはあまりこだわりがない

□ 最近あまり運動していない
□ キッチン周りがいつも汚れている

第2ブロック

□ 人から優しくされたりするのは苦手
□ 最近、あんまり笑っていないと思う
□ どちらかというと趣味は少ないほう
□ 異性に興味がなくなってきた
□ 現在、恋人やパートナーなどロマンスの相手がいない
□ ついお金がないと言ってしまう
□ 夜になると足がむくんだりする

□ ベッドカバーをあまり交換しない

第3ブロック

□ イライラしたり、怒ったりと感情にはムラがあるほう
□ 感動的な映画を見ても涙が出ない
□ どちらかと言うと胃腸が弱い
□ 目標を立てても三日坊主で終わることが多い
□ 人の意見に流されやすい
□ 自分のことはあまり好きではない
□ ネットの掲示板を見たり、書き込んだりするのが好き
□ 部屋の掃除はあまりしない

第4ブロック

- □ ついついネガティブ思考になってしまう
- □ ボランティアなどには興味がない
- □ 他人の間違いを放っておけない
- □ 今、信頼できる人がいない
- □ 過去の失恋が忘れられない
- □ 結婚相手は愛よりもお金だと思っている
- □ 最近ワクワクすることが少なくなった
- □ 家具にもこだわりがなく、リビングに統一感がない

第5ブロック

□ 自分の言いたいことを言えないことが多い
□ リーダー役になるのは苦手
□ 咳き込みやすく、喉や甲状腺は弱い
□ 友達は少ないほう
□ おひとりさまは苦ではない
□ 人混みの中に出ていくのは苦手
□ クリエイティブな仕事より事務的な仕事のほうが向いていると思う
□ 部屋にはモノがフロアの上に散らばっている

第6ブロック

- □ 行き詰まった感じがして未来に希望が持てない
- □ 直感よりも経験や常識を優先する
- □ 集中力が続かない
- □ やりたいことがあってもお金のことが気になる
- □ 偏頭痛持ち
- □ 理屈っぽいと言われることがある
- □ ウツっぽくなってしまうことがある
- □ クローゼットや引きだしの中が整頓されていない

第7ブロック

- □ 運が悪いと思ったことがある
- □ 自分の人生の目的がよくわからない
- □ 夢は何よりもお金持ちになること
- □ スピリチュアルの世界より科学のほうが信じられる
- □ 自分が幸せになるためには手段を選ばない
- □ 開運グッズやパワーストーンなどにはあまり興味がない
- □ 神社やお寺にはお参りに行かない
- □ 花や観葉植物を部屋にあまり飾らない
- □ エコロジーなどには興味がない

それぞれのブロックで「ＹＥＳ」が多かったのはどのブロックになりますか？

ここでは、該当するブロックの番号に対応するチャクラが弱っている、閉じていることになります。

つまり、各々のブロックでそれぞれ半分以上に「ＹＥＳ」と答えられたら、その番号のチャクラが弱っていることになります。

それでは早速、それぞれのチャクラについて学んでいきましょう。

第1チャクラ

大地とつながって生きるための地球のエネルギー

第1チャクラとは？

大地とつながって生きるための地球のエネルギー

キーワード 「生命力」「グラウンディング」「防衛本能」

名称 ルートチャクラ（ベースチャクラ、基底チャクラ）

チャクラの意味と役割

物質界についての学びを教えてくれるチャクラ。

人間が生きていく上で必要不可欠な「生命体としてのエネルギー」そのものを司っています。

第1チャクラは、人間がこの地球上で生きるために、2本の足をしっかりと大地につけて立ち上がること、つまり、私たちがこの世界できちんと「グラウンディング」するためにも大切なチャ

クラです。

この第1チャクラが開き活性化すると、私たちは生きる意欲や活力に恵まれて、人間としての健康的な生存欲求や肉体的欲求を持てるようになります。

一方で、第1チャクラが閉じて活性化していない人は、生命エネルギーそのものが弱くなってしまいます。たとえば、生きる気力ややる気を失いがちになったり、何を行うにも面倒くさくなったり、日々の生活にも夢や目標を持って生きる力が内側から湧いてきません。

また、人間としてあるべき健康的な性欲が減退したり、食欲がなくなるなど、いわゆる生存への欲求が失われがちになってしまいます。

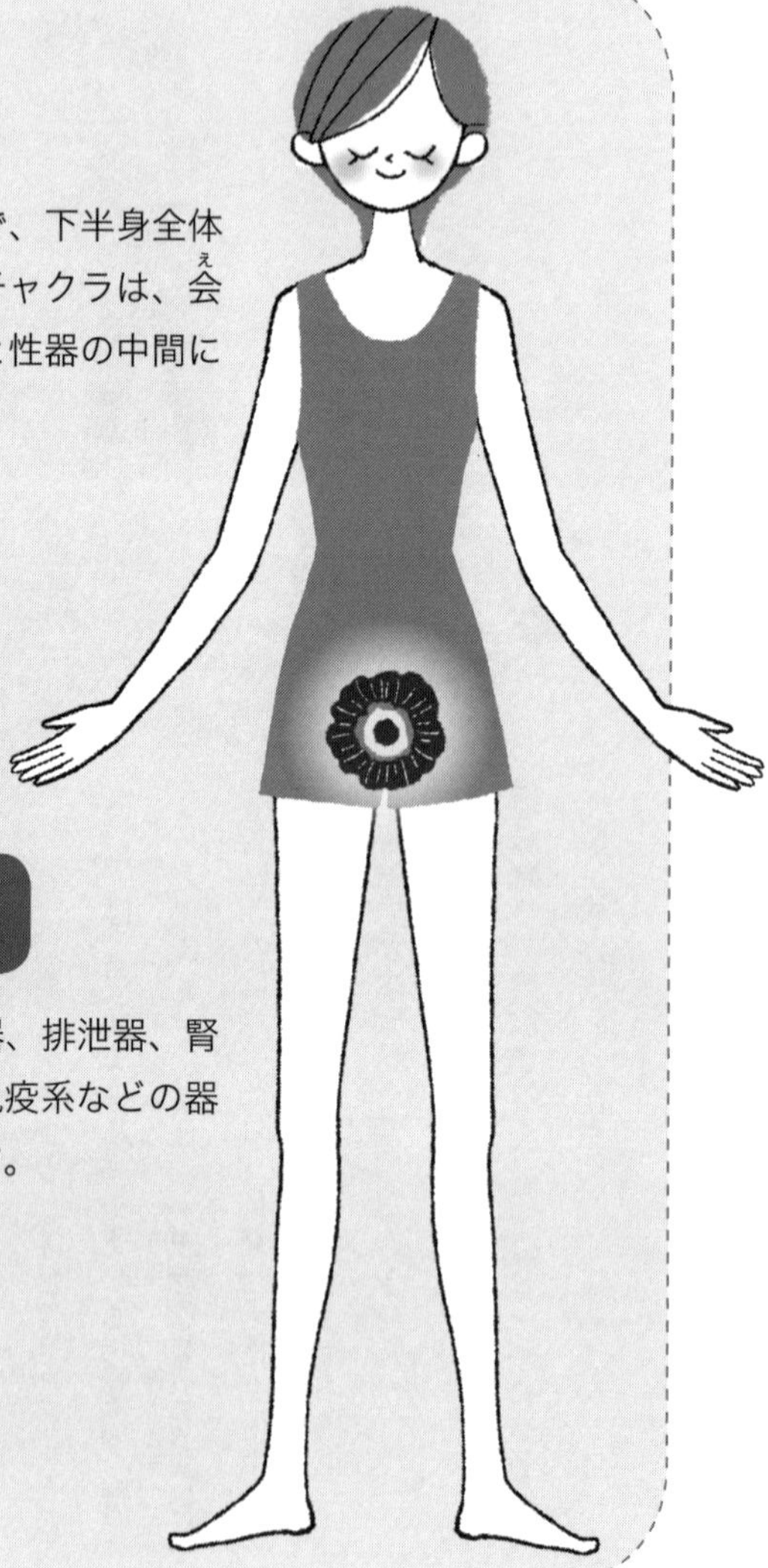

位置

膀胱《ぼうこう》から下の足まで、下半身全体に対応する部分。チャクラは、会《え》陰《いん》と呼ばれる肛門と性器の中間に位置しています。

第1チャクラと身体との関係

脊髄、直腸、生殖器、排泄器、腎臓、脚、骨、足、免疫系などの器官と関係しています。

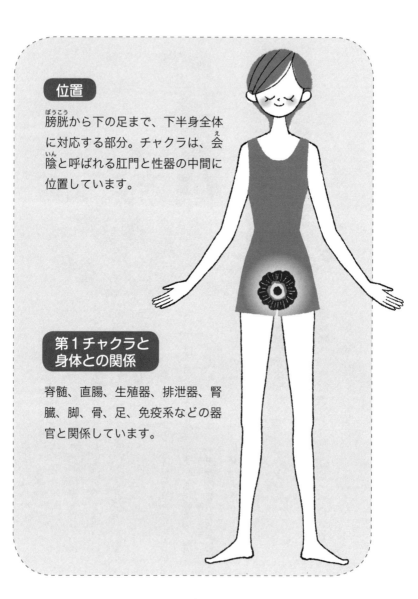

第1チャクラを活性化するために

第1チャクラは、大地としっかりつながって生きるための「地球エネルギーとつながるエントランス」のような場所。

植物が土に根を下ろしているように、私たちも地球にエネルギーの根を下ろして生きているのです。私たちは、この世に生を受けて、生きるために必要な本能、食欲、性欲、集団欲や防衛本能などを育てながら成長しているのですが、それらもすべて、大地としっかりつながり、地球からのエネルギーを受け取っているからと言えるのです。

第1チャクラを開き活性化するためには、常に「自分が地球とつながっている」ということを意識することです。

第1チャクラの基盤が地球エネルギーとしっかりつながると、私たちは「自分らしく生きる」ための意欲にあふれ、社会生活においてのさまざまな活動や試みが可能になります。また、これらの基本的な欲求が満たされることで、生きることへのさらなる安心感や安定感も生まれます。

第1チャクラは、「私たちの存在の基盤を確立するためのチャクラ」と言えるでしょう。

第1チャクラを開放するために

- 収入を確保して、生活の基盤を整える
- 栄養のある健康的な食事を心がける
- 家族やパートナーとの調和を図る
- 嘘や不正のない正しい状態を心がける
- 自宅を整理整頓して住環境をクリアリングする

第1チャクラのバランスを崩す要因

- ●自分の好きではない仕事、望まない仕事をしている（働くことがただ生活の手段になっている）
- ●転職やリストラなどで安定した収入や生活手段を失ったとき
- ●引っ越しや転勤など人生で新しい環境・局面に直面したとき
- ●恋人やパートナーとの関係に問題を抱えているとき
- ●家庭の中で問題を抱えているとき

日々の生活における安心・安定感が脅かされると、第1チャクラはバランスを崩してしまいます。そのようなケースに陥ると、不安や孤独を感じるようになってきます。

生きることにむなしさを感じたり、自分という存在に自信が持てないために、他者に依存するようになったりもします。

また、第1チャクラの状態は、家族や家庭問題にも影響してきます。家族や社会において自分の所属する集団とのつながりは、私たちに確固とした安心感や必要不可欠な生存の基盤を与えてくれるものなのです。

第1チャクラに有効!
――呼吸法でしっかりグラウンディング

できるだけ自然の中に出かけるようにして、美味しい空気をたくさん吸ってエネルギーを補給しましょう。そのときには、呼吸を意識するだけでグラウンディングが可能になります。

①大きく深呼吸をする。

②鼻から息をゆっくり吸って、口から細く長く吐く、ゆったりとした呼吸を繰り返す。

呼吸をするときは、リラックスできる環境で、呼吸とともにエネルギーが身体に流れ込んでくるイメージで行うのがポイントです。

第1チャクラと感覚
――嗅覚

第1チャクラに対応する感覚は、「嗅覚」です。人間がサバイバルしていく上で最初に必要なのは、嗅覚と言われています。また、嗅覚は命の危険を察知する防衛機能としての「勘」も養ってくれる感覚です。たとえば、私たちは、料理に使う食材が腐っているかどうか、などを察知するために臭いを無意識に嗅いでいたりしますが、これも命への防衛本能のひとつなのです。

また、腑に落ちないようなことを察知した場合、「何か臭うな?」とか「うさん臭い」「嫌な臭い」のように、「臭い」という言葉を使ったりしています。このように、生活の中においても危険を回避する能力のひとつとして嗅覚を養っています。

生活環境&ライフスタイルからチャクラを整える

生命力を司る第1チャクラとつながりが深いのは生活の中でも「食」の部分です。フレッシュで質の良い食材を使った料理を食べることで、生命エネルギーがアップ。食材をキレイに洗ってフレッシュさを保てるように冷蔵庫に保存したり、冷蔵庫の中も常に整理整頓を心がけたりしましょう。

キッチン用具や食器は常に清潔に。調味料などもキレイな容器に入れたり、保存食なども戸棚にごちゃごちゃ置かずに清潔に収納したりすること。

また、キッチン、トイレ、お風呂など水回りは汚れないようにいつもキレイにしておくのもポイントです。

第1チャクラを元気にするバリ島のミラクル——自然のパワーを取り入れて

バリ島は島全体がパワースポットと言われているほど、地球のエネルギーをダイレクトに感じられる場所。バリ島に降り立つと感じられる特別なバイブレーションは、世界のどこを探してもあまり見つからないほどユニークな波動ではないでしょうか。

バリ島ではすべての自然の色彩が鮮やかに色づき、生命力が豊かなのもこの神聖な波動のなせる業だと思っています。

でも、今すぐにバリ島へ行けない人でも大丈夫。日本でも、自然の多い場所や気のいい場所に行くだけでも第1チャクラは元気になってきます。

ときには、海辺や森など自然の中に出かける機会があれば、裸足になって大地のエネルギーをそのまま足元から身体全体に取り入れてみてください。

すっきりとリフレッシュできるだけでなく、地球からの大地の生命力があなたの中に息づくはずです。

第1チャクラと色

第1チャクラが対応する色は「赤」です。

赤色は、生存のエネルギーそのものである「サバイバビリティ(生存性)」を表現し、「生命エネルギー」と深く関係しています。

第1チャクラのバランスが良い場合は、内部に白い光を宿したような原色のルビーレッドのような赤い色になりますが、バランスが悪い場合は、黒みを帯びたくすんだ赤になります。

第1チャクラを元気にするアイテム

●鮮やかでビビッドな赤い色の洋服や赤い下着
●アロマ……………ジンジャー、ベチパー、レモングラス、レモンユーカリ、パチュリ、シダーウッド
●パワーストーン…レッドカーネリアン、ガーネット、ブラックトルマリン、ブラッドストーン、スモーキークォーツ、ルビー
●フルーツ＆野菜…イチゴ、りんご、赤唐辛子、レッドパプリカ、ビーツ

第1チャクラを開くマントラ

ドゥモギニュェネンチャクラブシッ

Dumogi nyeneng cakra besik

すべてのチャクラのエネルギーを調節する
基本になるチャクラです。
第１チャクラが活発になると、
全身に生命力がみなぎり、
生きる力が湧いてきます。

第2チャクラ

自分の本質とつながり、人生を楽しむエネルギー

第2チャクラとは？
自分の本質とつながり、人生を楽しむエネルギー

キーワード 「無限の可能性と創造性」「セクシュアリティ」「パートナーシップ」

名称 丹田チャクラ（仙骨のチャクラ）

チャクラの意味と役割

人生を楽しむ喜びと、その活力を与えてくれるチャクラ。

チャクラも下から上へと上がってくるにつれて、より精神性を帯びてきます。第1チャクラが大地に足をつけて生命エネルギーを充実させるためのチャクラなら、第2チャクラはその生命に活力を与え、喜びにあふれた人生を送る力を与えてくれるチャクラなのです。

　そんな喜びにあふれた人生に不可欠なのが、人間関係やパートナーシップです。

　第2チャクラが開くことで、恋愛関係だけでなく、家族や友人・仕事関係などすべての人間関係が良好になってきます。また、他人に依存することなく、孤立することもなく、社会において人々との調和がとれた関係を育むことが可能になってきます。

　第2チャクラはセクシャリティを表現することから、第2チャクラのバランスが崩れると、健全な性欲が失せたり、セックスに興味が持てなくなっ

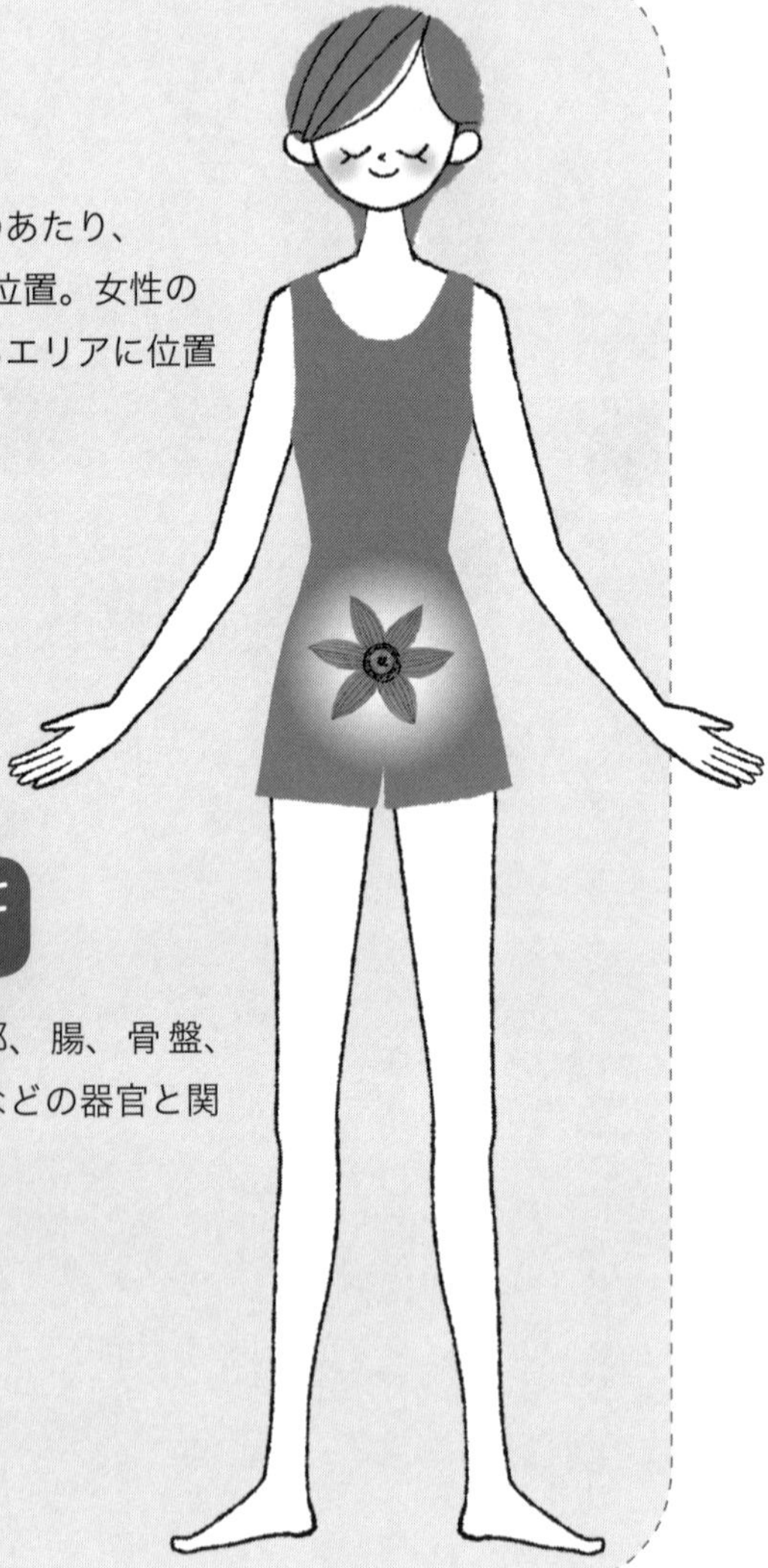

位置

下腹部からおへそのあたり、「丹田《たんでん》」と呼ばれる位置。女性の身体なら子宮があるエリアに位置しています。

第2チャクラと身体との関係

性器、脊椎の下部、腸、骨盤、臀部《でんぶ》、腎臓、膀胱などの器官と関係しています。

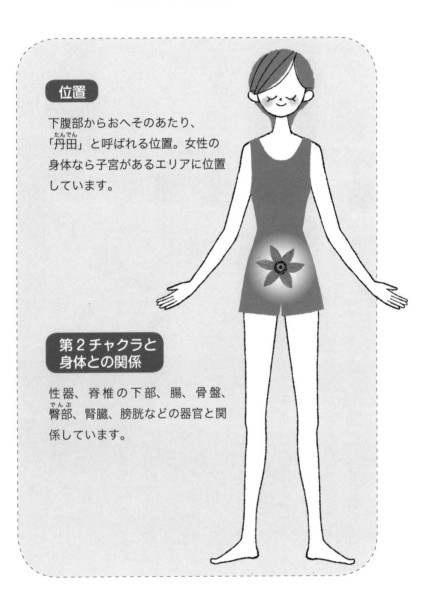

たり、逆に、異常にセックスに興味を持ってしまうこともあります。

感受性も第2チャクラを表します。

第2チャクラが弱くなってくると元気がなくなり、何に対しても感動できなくなったり、やる気が落ちてきたりと生きる気力が失われてきます。

第2チャクラを活性化するために

第2チャクラは、人生を思うがままに生きるためのバイタリティを与えてくれる場所。

「生きる力」「生存するための安定感」を第1チャクラで得られたら、今度はそれをどのようにあなたの人生に活かしていくか、を設計するためのエンジンになるのが第2チャクラです。

自分の夢や目標を実現するためのプロセスを楽しみ、人々との出会いを通して、創造性豊かな人生を喜びと共に生きる力を与えてくれるのが第2チャクラなのです。

ときには試練にチャレンジすることもあるでしょう。

けれども、現実を見つめ、その上で可能な限り自分が思い描いたことを現実化していくための勇気と行動力を培ってくれるのもこのチャクラです。

そんな第2チャクラを活性化するために必要なのは、「自分の夢を見つめてみること」。

自分にはどんな夢があって、それをどのような手段で現実化していけるかを見つめることで、あなたの創造性が花開くことになります。

自分を見つめるときに、あなたの本当の気持ちも見つめてみましょう。たとえば、「この夢は、叶わないから」などと自分の心にウソをついていませんか？　あなたの本来の感情を生きることが第2チャクラの活性化につながります。

また、「信頼すること」も大切です。あなたが喜びにあふれた人生を生きるためには、そんな自分になれるとまずは自分を信頼すること。そして、自分だけでなく、家族、友人、パートナー、仕事仲間など人を信じることも大切です。

第2チャクラを開放するポイント

- 心からやりがいのある仕事を見つける
- 喜びや楽しみを共有できる友人関係を持つ
- 恋人やロマンチックな関係のパートナーシップを大切にする
- 自分の気持ちを高めてくれる洋服や小物を身につける
- 自分にご褒美をする習慣をつける
- ジャンクフードやファストフードは避けて、質の良い食事をする

ワンポイントアドバイス

ロマンスの相手がいない人は、ロマンチックなストーリーの映画や本を読むだけでも効果的！

第2チャクラのバランスを崩す要因

- 自分の感情を無視したり、自分の気持ちにウソをつくことがある
- やりがいを感じない仕事をしている
- 体力的に無理をしたり、我慢が大事と思っている
- 孤独が好きで引きこもってしまう
- 過食になったり、拒食がちになったりする

自分の感情を抑えがちの人は、第2チャクラのバランスは崩れがちになり、自分自身を信じることができなくなり、やがて、人との関係を断つようにもなってしまいます。

そんな抑圧された生き方をしていると、漠然とした不安感に襲われたり、やる気の低下などを導くだけでなく、人生で満たされない部分を埋めようと、食欲や性欲で快楽を満たしたりしはじ

めることもあります。

第2チャクラのバランスを取るには、自分の感情を解放しながら、人生を楽しむこと、喜びを感じることを常に自分の中で選択することです。

第2チャクラに有効！——身体を動かすことでチャクラをアクティブに

第2チャクラは、外出してアクティブに動くだけで簡単に活性化することができます。できれば、一人での外出よりも、友人たちと楽しい時間を持つようにす

るとさらに効果的。

朝日を浴びながらウォーキングすることもおすすめ。

歩くときも、植物のように太陽を浴びて光合成をするイメージや、筋肉を意識しながら身体中にエネルギーを巡らせるイメージでウォーキングしてみましょう。

呼吸は、第2チャクラの位置である丹田の部分を意識しながら、深い呼吸を心がけて。

第2チャクラと感覚
――味覚

第2チャクラに対応する感覚は、「味覚」です。第2チャクラは、腸のあたりに位置していることからも、味覚とのつながりが深いと言えるでしょう。また、同時に、「美味い話」や「旨い話」、「まずい話」、「味のある人」のように、私たちの生活の中には味覚が表現される言葉も多く、実際に舌で味を感じるだけでなく、「フィーリング」とも関係しています。

生活環境&ライフスタイルからチャクラを整える

行動力やモチベーションに関係する第2チャクラとつながりが深いのは「衣」の部分。

常に清潔で心地よい洋服を着ることを心がけたり、衣類を整理してクリアリングすると、第2チャクラの浄化力もアップ。

実は、私たちの持ち物の中で、衣類は大きな割合を占めています。日本には四季があるため多くの衣服が必要ではあるのですが、クローゼットの中で眠っている衣類や2～3年以上着ていない衣服は思いきって処分しましょう。

また、化学繊維などの人工的な繊維で作られた衣類は避けて、できるだけ天然の素材の衣類を身につけるようにしましょう。

第2チャクラを元気にするバリ島のミラクル
――欲望に忠実に生きる

バリの人たちの性格は、とてもシンプルで無邪気。

また、欲望にも忠実で、欲しいものは欲しいと言う、そんなストレートなところもあります。

また、南国らしく、第2チャクラのセクシュアリティの部分に関しても、日本人に比べて、おおらかではないでしょうか。良くも悪くも、人間としてとてもワイルドなのがバリの人たちです。

一方で私たち日本人はどうでしょうか？

社会生活をする上で、仕事や人との付き合いの中で、ついつい周囲に気を遣いすぎてしまったり、自分の気持ちに遠慮がちになってしまったりする人も多いのではないでしょうか。

バリの人の無邪気でシンプルな生き方を見ていると、日本人の私たちも、もっと正直に、心のままに生きてもいいんだ、ということを教えてくれているようです。

もっと自分にやさしく、欲しいものは欲しいと言うことを自分にゆるしてみてください。

第２チャクラと色

第２チャクラが対応する色は「オレンジ」です。

オレンジは、「活力」や「セクシュアリティ」を表現し、人生の喜びや楽しみ、幸福感と深く関係しています。

第２チャクラのバランスが良い場合は、すみきったきれいなオレンジ色をしていますが、バランスが悪いと、ブラウンがかったレンガのような濁ったオレンジ色になります。

第２チャクラを元気にするアイテム

●気持ちをアップさせるお気に入りのスイーツ
●アロマ……………クラリセージ、ジャスミン、イランイラン、ゼラニウム、ローズ、ネロリ
●パワーストーン…オレンジカーネリアン、イエロートパーズ、サンストーン、タイガーアイ、オレンジムーンストーン
●フルーツ＆野菜…オレンジパプリカ、オレンジ、人参、オレンジトマト

第2チャクラを開くマントラ

ᬤᬸᬫᭀᬕᬶᬜᭂᬦᭂᬂᬘᬓ᭄ᬭᬤᬸᬯ

ドゥモギニェネンチャクラドゥア

Dumogi nyeneng cakra dua

第２チャクラを活発にして
豊かな感受性を身につけて、
人生を楽しむチカラを
手に入れましょう！

第3チャクラ

自分らしさを確立して
自信を高める
エネルギー

第3チャクラとは?
自分らしさを確立して自信を高めるエネルギー

キーワード 「意思」「自信」「自尊心」

名称 太陽神経叢（ソーラープレクサス）チャクラ（精神のチャクラ）

チャクラの意味と役割

自我や人格を確立し、自尊心を育ててくれるチャクラ。

第1チャクラで生命力をつけて、第2チャクラで活きるための喜びや活力を命に吹き込まれたら、第3チャクラでは一人の人間としての自己を発見しながら精神性を養うチャクラになります。

あなたには、他の誰でもないあなただけの性格や才能、キャラクターがあるように、第3チャクラであなたという一人の人間のアイデンティティが確立しているのです。

第3チャクラは、マインドや心の部分と深く関係しているので、第3チャクラが弱くなると、自分自身を愛せなくなってしまい、自尊心が育たなくなってしまいます。

そうなるとストレスをためやすくなり、感情にむらができたり、批判的になったり、怒りや不満の気持ちが湧いて愚痴っぽくなったりして、精神のコントロールが利かなくなってしまいます。

あなたは、この地球でたった一人のユニークな存在です。

あなたができること、得意なこと、ワクワクすることであなたらしさを確立して、自信をつけていきましょう。

第3チャクラを活性化するために

「あの人みたいになれたらいいいな」

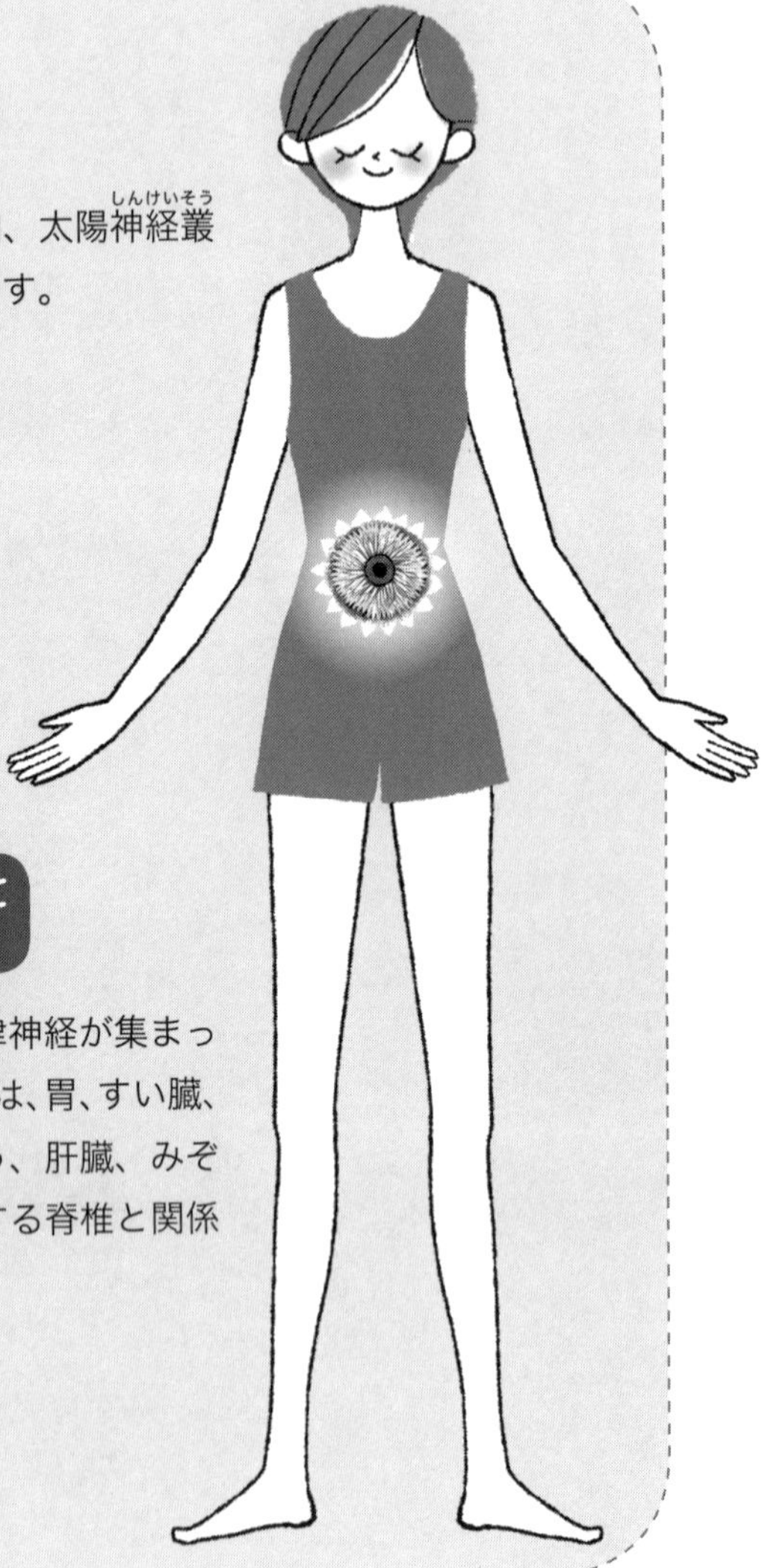

位置

肋骨《ろっこつ》とおへその中間、太陽神経叢《しんけいそう》のあたりに位置します。

第3チャクラと身体との関係

太陽神経叢には自律神経が集まっているほか、器官では、胃、すい臓、副腎、小腸、胆のう、肝臓、みぞおちの後ろに位置する脊椎と関係しています。

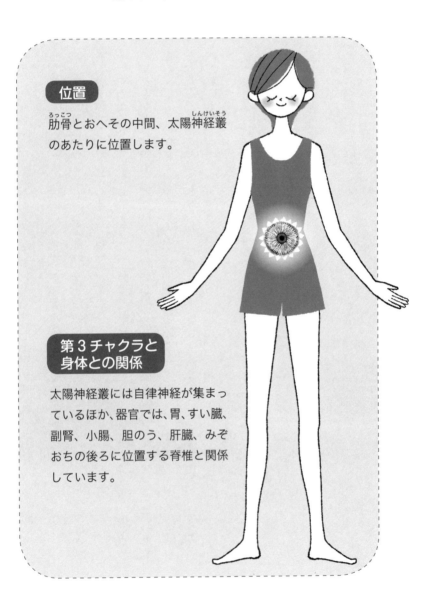

「どうして私ってこんなにダメなの?」

そんなふうに、ついつい自分を卑下していませんか?

憧れの人やセレブたちを見て、憧れの気持ちを持つのはいいのですが、自分のことを卑下したり、自分自身を好きになれなかったりする人も多いものです。

そんなふうに自己肯定感を持てないようになると、第3チャクラはどんどん閉じてしまいます。

第3チャクラを活性化するには、まずはあなたがあなた自身という存在を知ることです。

第2チャクラで、「抑えていた感情を解き放つ」ことが大事なら、その感情をすべて受け入れて、自分に「YES!」と言えるようになったときに

初めて、本当のあなたらしさが輝きはじめます。

第3チャクラは、あなたの個性や発想を思いのままに自由に表現するほどに、活性化していきます。

第3チャクラを開放するポイント

- 自分を客観的に見つめてみる
- 自分の特技を磨いてみる
- 小さな目標を叶えて自信をつけていく
- 趣味や好きなことで気分転換を図る
- 「しなければならないこと」をやめて、自由気ままに過ごす休日をつくる
- 他の人と比較しない

第3チャクラのバランスを崩す要因

- 自分自身を否定してしまう
- 自分の意思より人の意見を尊重してしまう
- 人生に対して受け身になることが多い
- 楽しい気持ちやうれしい気持ちがあってもつい抑えてしまう
- 常に不安や恐怖感がある

自尊心の欠如や自己犠牲の精神が大きくなりすぎると、第3チャクラのバランスは崩れてしまいます。

すると、自分が見ている世界からだけの狭い視野で物事を判断したり、周囲の考え方に振り回されてしまいます。

また、自分が劣っていると感じていることから、逆に、人より優位な立場に自分を置こうとすることも。たとえば、会社でのポジションを利用してパワハラなどで人をコントロールしようとすることもあります。

他の人からあなたを認めてもらうのではなく、まずは、あなたが自分自身を認めることで、自己否定の呪縛から解き放たれるはずです。

第3チャクラに有効！——ポジティブシンキングでチャクラを整える

第3チャクラを整えるには、ネガティブな思考を一切、排除すること。

不安や悩みは誰もが持っているものですが、それらに囚われないようにすること。

不安や悩みは一旦側において、楽しいことや嬉しいことだけに焦点を当ててみましょう。

①1日に1回楽しいことをする。
②1日の終わりに、今日の楽しかったことを思い出す。

この2つを毎日行うことで、あなたからネガティブ思考が少しずつ消えていきます。ポジティブなことだけに焦点を合わせる習慣をクセづけると、ハッピーな出来事が引き寄せられるようになります。

第3チャクラと感覚——視覚

第3チャクラに対応する感覚は、「視覚」です。私たちは、目から取り入れる情報を自分なりに判断することで、「自分の見る目を養う」ことが可能になるのです。また、視覚は、光と色の関係性から成り立っているとも言えます。

たとえば、美味しく盛り付けられた食事を目で捉えられるのも、光があることでそれを視覚が感知できるのです。光と色の恩恵を感じながら「見る」ようにすると、真実を見分ける審美眼を養うことができるでしょう。

生活環境&ライフスタイルからチャクラを整える

空間の清浄さが精神性を高めてくれるということから、住環境をすみずみまで「掃除」することで、第3チャクラはキレイになっていきます。

自分の住まいが美しくキレイであれば、自ずと気持ちよく、そして楽しく暮らすことができるのです。

部屋全体の美しさは、あなたの心や生き方をそのまま反映していると言えるのです。

床は掃除機をかけるだけでなく、ときには拭き掃除で細かいダストまでクリアにしてピカピカにして、すっきり気持ちのいい部屋を心がけましょう。

第3チャクラを元気にするバリ島のミラクル
——運命を受け入れるバリ島の人々

バリ・ヒンドゥの教えの中にあるカースト制度（身分制度）が未だに残っているバリ島では、

今でも、同じ階層以外の人との結婚は許されなかったりすることから、「自分の運命を受け入れる」という考え方が自然に根づいているように感じます。

そして、一番下のカーストである平民（農民）の人々も、生まれてきた運命の中で幸せを見つける、という生き方をしています。

第2チャクラのバリ島のミラクルでご紹介したように、自分の身分を受け入れた上で、幸せに対してはいい意味で貪欲に生きているのです。

一方で私たち日本人は、皆が平等であるからこそ、逆に自分に不満を持ち、人を出し抜いてでも下剋上で出世をしたり、〝隣の芝生は青い〟というマインドになったりしがちです。

自己尊厳の心を育てるためにも、今のあなたはすでに恵まれていて、必要なものはすべて持っているのだ、という原点に立ち戻ることで豊かな精神性が目覚めてくるはずです。

第３チャクラと色

第３チャクラが対応する色は「黄色」です。

周囲を照らす太陽の光のように明るい黄色は、あなたのマインドの輝きそのものである「精神性」を表します。第３チャクラのバランスが良いと、キラキラと輝くシトリンのような黄色になります。

一方で、バランスが悪い場合は、茶色やグレーがかったくすんだ黄色になってしまいます。

第３チャクラを元気にするアイテム

- 自分の夢や思いを綴るダイアリー
- アロマ……………レモン、ブラックペッパー、ライム、グレープフルーツ、オレンジ
- パワーストーン…ルチルクォーツ、イエローシトリン、シトリン、レモンクォーツ、アラゴナイト、イエローカルサイト
- フルーツ＆野菜…レモン、イエローパプリカ、バナナ、梨、かぼちゃ

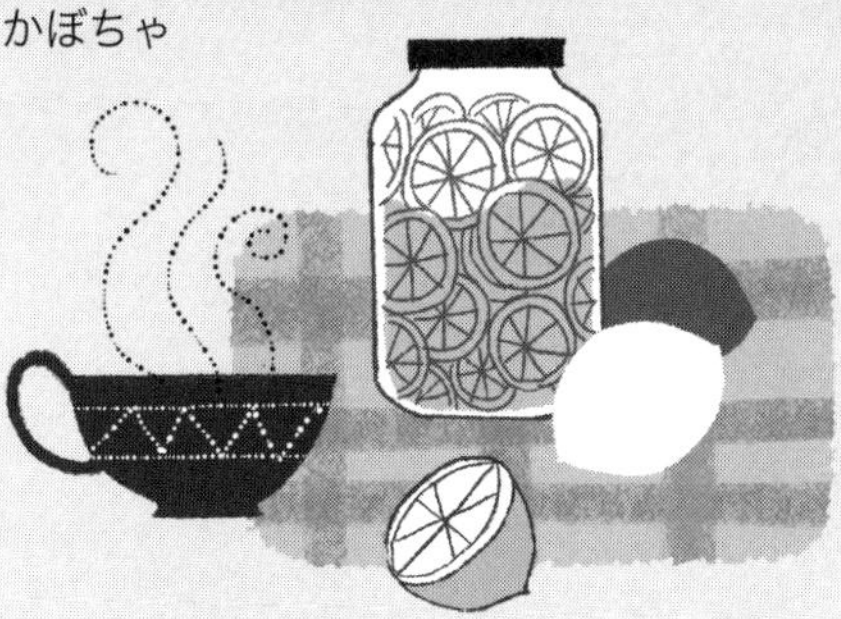

第3チャクラを開くマントラ

ドゥモギニェネンチャクラトゥル

Dumogi nyeneng cakra telu

第３チャクラを活発にして集中力を高め、
目標に向かって
チャレンジしていきましょう！

第4チャクラ

慈愛の心を育てる
ハートの
エネルギー

第4チャクラとは？

慈愛の心を育てるハートのエネルギー

キーワード 「愛と怖れ」「ゆるすこと」「慈しみ」

名称 ハートチャクラ

チャクラの意味と役割

ハートチャクラと呼ばれるように、ずばり、「愛」を表現するチャクラ。

でも、ここでの愛は、恋愛の「愛」というよりは、「無条件の愛」のこと。どちらかと言えば、慈しみの心である「慈愛」の精神に近いものです。

無条件の愛とは、何か条件がついた愛やエゴから生まれる自分本位の愛ではなく、何の見返りも求めない愛のことです。

また、その愛の対象も自分やパートナーなど大切な人だけでなく、他の人を含め、生きとし生けるものすべての存在を愛すというユニバーサルな愛でもあるのです。


第4チャクラのバランスが整っている人は、思いやりや優しさにあふれ、人に安らぎや癒しなどを与えることができます。

一方で、バランスが崩れると憂鬱な気分になったり、自分が愛されていないと感じるようになったりします。また、自分に対する認知欲求が高まり、他の人からの称賛を期待したり、嫉妬深くなったり、他の人を尊重できない態度を取ったりすることもあります。


実は、第4チャクラは7つのチャクラの中でも重要なチャクラです。

天上界のチャクラ（第5〜第7チャクラ）と人間界のチャクラ（第1〜第3チャクラ）のちょうど中間点にあたる橋渡しの役目を果たすチャクラです。ハートチャクラは、すべてのチャクラのバランサー役も担っているのです。

位置

胸部全体、心臓や肺のあたりに位置します。

第4チャクラと身体との関係

心臓、循環器系、肋骨、胸、肺、肩、腕、手、横隔膜などと関係しています。

第4チャクラを活性化するために

「ありのままのあなたを知る」ということを第3チャクラでお伝えしました。

それは、あなたにはあなただけの個性やキャラクターがあり、その個性を活かして確立するために自分のことを知るということです。

この第4チャクラでは、そんな自分への深い受容が大切になってきます。

たとえば、過去の失敗や間違い、恥ずかしい思い出などを無理やり忘れようとしていたり、そんな心の傷やトラウマを無視していたり、心のどこかに追いやっていませんか？

でも、ここではそんな自分もすべて受け入れてみましょう。

そして、そんなふうに心の傷に直面できない自分もゆるしてあげてください。

自分に対するそんな慈愛が、やがて、他の人への慈愛の精神を育てるだけでなく、精神の安定も導くことになります。人間なので喜怒哀楽があるのは当然です。でも、その喜怒哀楽を深い懐で受け止めることで、第4チャクラのハートは開いていくのです。

第4チャクラを開放するポイント

- 小さなことに喜びを見つけてみる
- 人生で関わっている人すべてに感謝の気持ちを送る
- 「ありがとう」という言葉を意識して使う
- 犬や猫などのペットや動物と触れ合う
- 辛い思い出やトラウマと向き合ってみる
- 感動的な映画を鑑賞する

第4チャクラのバランスを崩す要因

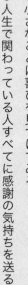

- 過去の失敗や挫折がまだ傷になっている
- 親しい人・信頼する人からの裏切りが忘れられない
- 自分は誰からも愛されていないと思っている
- 大勢の人といるよりも、一人の方がここちよいと思ってしまう
- 泣いたり笑ったり、感情の起伏が激しい

第4チャクラのバランスが崩れてしまうと、些細なことにすぐに反応して怒ったり、泣いたり感情の起伏が激しくなって精神不安定になりがちです。もしくは、ネガティブな感情を感じたくないことから、感情を感じることに鈍感になったり、抑えていた感情が、ある日突然爆発してしまったりすることも。

あなたの内側のハートの声を聞くようにすると、感情も安定してきます。

第4チャクラに有効！——イメージすることでチャクラを整える

あなたのハートの声、つまり心の奥深くにある声に耳を傾けて、自分でも知らない〝本当のあなた〟に出会うためにも、まずは、自分のハートを愛で抱きしめましょう。

①自分のハートをイメージしてみる。
（ビジュアル的にはどんなハートでもOK。チャクラカラーの緑色のハートをイメージするのもオススメ）。

②そのハートを光で優しく包むイメージを

する。

③愛と感謝の気持ちでハートを両手で抱きしめるイメージをする。

このイメージを1日に一度でも行うことで、ハートとの信頼関係ができるようになり、自身の深層意識ともつながりやすくなります。

第4チャクラと感覚——触覚

第4チャクラに対応するのは「触覚」です。触覚とは、生体の表面（皮膚や粘膜）に加えられた触刺激によっておこる感覚です。

たとえば、肌触りの良いふわふわしたタオルを使うと、幸せな感覚を味わえたり、また、食事をしているときの歯触りなども触覚です。

他にも、物理的な触覚だけでなく、やさしさに触れる、逆鱗に触れる、などという表現があるように、感情やエネルギーに触れたときにも触覚は機能します。「肌触り」を意識することで、第４チャクラとつながりやすくなるはずです。

生活環境&ライフスタイルからチャクラを整える

あなたのハートを温かく包んでくれるのは、「家族」です。

あなたの心が常に平和であるように、一緒に暮らす家族との心のつながりを心がけましょう。

もちろん、一人暮らしの方でも離れて暮らす家族とのコンタクトを取るようにして、家族という〝心のふるさと〟を大切にしておきたいものです。

家族が集まる場所であるリビングには、ソファーなどの家具にも統一感を持たせて、会話のはずむようなレイアウトを考慮してみてください。リビングが一家団欒の空間になるような配置にすると、家全体の波動もアップします。

第4チャクラを元気にするバリ島のミラクル
——助け合いの精神で生きるバリの人々

第4チャクラのキーワードである「慈愛」の精神や「家族」というキーワードを考えたときに思い出すのが、バリ島の人々に根付く「助け合いの精神」です。

バリ島には村単位で「バンジャール」という地域コミュニティのようなものがあり、冠婚葬祭などがあれば村の人たちがお互い助け合うという慣習があります。

この助け合いの精神は「ゴトン・ロヨン（相互扶助）」と呼ばれるもので、バリの人たちはコミュニティの一員として自覚を持ち、村の人に何かあれば家族同然のように無償で助け合うのです。

この村の共同体としての助け合いの精神は、かつての日本にもあった精神ですが、今や日本ではマンションの隣にはどんな人が住んでいるかもわからない、というような状況だったりするのが現状です。

バリ島の人々は、日本に住む私たちに比べて、まだまだ貧しい環境に暮らしている人が大多数だったりします。

でも、「豊かさ」というものを考えたときに、そんなバリ島の見返りを求めない無償の助け合いの精神を持った生き方がとても豊かなものに感じられたりもします。

もちろん、今の私たち日本人には、このコミュニティにおける相互扶助の精神を、そのまま真似するというのもライフスタイルがすでに違いすぎるかもしれません。

それでも、ボランティアなどを通して、自分や家族、親しい人たち以外のために何かをする、という行いも可能だったりします。

何か自分にできる見返りを求めない行いをひとつやってみましょう。

そんな心がけがあなたのハートをさらに開いていくはずです。

第４チャクラと色

第４チャクラが対応する色は「緑」です。

ハートチャクラが表す色は「調和」を意味する明るい緑色です。

第４チャクラは、７つのチャクラの中間地点として、地球と宇宙をつなぎ調和を取るという意味とも関係しています。

第４チャクラのバランスの良い場合は、光で照らされたようなエメラルドのように輝く緑色になりますが、バランスが悪い場合は、モスグリーンのような植物が枯れたような色味になります。

第４チャクラを元気にするアイテム

●家族の写真
●ハートモチーフのグッズ
●アロマ……………ラベンダー、サイプレス、ベルガモット、マージョラム、カモミールローマン
●パワーストーン…ペリドット、プレナイト、ローズクォーツ、インカローズ、翡翠（ヒスイ）、クンツァイト、グリーンアメジスト
●フルーツ＆野菜…レタス、ズッキーニ、キュウリ、アボカド、マスカット、ブロッコリー

第４チャクラを開くマントラ

ᬤᬸᬫᭀᬕᬶᬜᬾᬦᭂᬂᬘᬓ᭄ᬭᬧᬧᬢ᭄

ドゥモギニェネンチャクラパアパ

Dumogi nyeneng cakra papat

第４チャクラを活発にして
慈愛の精神に思いやりの心を育てて、
この世界に愛を分かち合いましょう！

第5チャクラ

真実の声を
自由に表現する
エネルギー

第5チャクラとは？

真実の声を自由に表現するエネルギー

キーワード 「コミュニケーション」「自己表現」「受容性」

名称 喉のチャクラ（スロートチャクラ）、コミュニケーションのチャクラ

チャクラの意味と役割

「喉のチャクラ」と言われるように、人間関係におけるコミュニケーションを司るチャクラ。喉のチャクラで、自分の意思を表現したり、他の人の意思を受け入れることから、第5チャクラは、「コミュニケーションのエネルギーを循環させるチャクラ」と言えるでしょう。

喉のチャクラのバランスが取れていると、自分の考えや感じたことを言葉で上手く相手に伝え

ることができるようになります。また、たとえ相手の意見が自分の考え方と違っていたとしても、それを自分の中で受け入れられる柔軟性を持つことができます。いわば、喉のチャクラは人間関係における調和を保つ役割を果たしているのです。

一方で、もし第5チャクラのバランスが崩れてしまうと、身体的にはいつも何かが喉に詰まったような感じがしたり、風邪でもないのに咳が出たり、耳鳴りがしたりすることもあるかもしれません。また、話すことに恐怖を感じたり、逆に、沈黙を怖れてしまい、その場にふさわしくないことまで話してしまうなど、〝空気の読めない〟コミュニケーションをしてしまうことも。

人間関係の潤滑油になる喉のチャクラは、社会生活を送る私たちにとって重要なチャクラです。

第5チャクラを活性化するために

「会議で言いたいことが言えなかった」

位置

首のエリア全体にあり、中心は喉に位置します。

第5チャクラと身体との関係

喉、甲状腺、気管、食道、視床下部、首の骨、口、顎、歯などと関係しています。

「ついつい、他の人の意見に流されてしまう」

そんな体験は誰にもあるはずです。

集団で社会生活を送る私たちには、その場の雰囲気を尊重して思ったことを言えなかったり、協調性の方を重んじて他の人の意見に同調せざるを得ないことも多いはずです。

でも、いつも自分の〝声〟を押し殺してばかりだと、第5チャクラのバランスは崩れてしまいます。

本来ならあなたは協調性を保ちながらも、また、誰をも傷つけずに、自由に自己表現ができる存在なのです。でも、そんな上手なコミュニケーションのワザはどうやって身につければいいのでしょうか？

そのヒミツは、あなたの「内側の声」を聞くことです。それが、第5チャクラを活性化するコツでもあるのです。

あなたの内側には、どんな状況においてもあなたらしさを表現できる自由な創造性が眠っているのです。

でも、その真実の声は、あなたがコミュニケーションに対する不安や怖れがあるかぎり、表に出てきません。

内側の声に耳を傾けることで、あなたは怖れることなく、正しいタイミングで自分の声を世界に届けることができるのです。

第5チャクラを開放するポイント

- 自分の思いに素直になってみる
- 自分を正当化しない
- 他の人の意見も尊重する
- 内なる声に耳を傾ける
- 自分が思っていることを書き出してみる
- こちらから挨拶をする習慣をつける

第5チャクラのバランスを崩す要因

- 言いたいことが言えない
- 思ったことをすべて口にしてしまう
- ついつい遠慮がちになってしまう
- 考えていることと異なることを発言してしまう
- 家族や友人、パートナーや職場の人間関係が上手くいかない

コミュニケーションを司る第5チャクラのバランスが崩れてしまうと、人間関係も次第に上手くいかなくなってしまいます。また、その場にふさわしい適切なコミュニケーションが取れないことで自分を責めはじめると、知らず知らずのうちに自分を否定したり、自己嫌悪になったりします。そこから抜け出すには、自分の内なる声をまずは聞くことです。

第5チャクラに有効！——笑顔の練習からチャクラを整える

コミュニケーションを行う際には、自分が発するすべてのコミュニケーションに意識を集中してみることで、第5チャクラを整えることができます。

たとえば、自分が発する思考を感じ、言葉を感じ、話しているときの口角さえも意識してみましょう。

鏡を使って笑顔の練習を行うのもおすすめです。

ワンポイントアドバイス

＊話すときには、口角を上げてグンと印象をアップ！

「楽しいぃ〜」の「い」は口角が上がる魔法の言葉です。「い」に続く小さい「ぃ〜」まで発声するとさらに口角をアップすることができます。1日に1回、楽しさをイメージしながら、鏡の

前で「楽しいぃ〜」と何度か連呼するエクササイズを行うと、いつの間にか口角はばっちり上がっています。心と口角から笑顔をはじめましょう。

第5チャクラと感覚——聴覚

第5チャクラに対応するのは「聴覚」です。言葉を使ったコミュニケーションは、聴覚で成り立っていると言えるからです。私たちは耳から楽しい声や悲しい声、怒った声など、さまざまな感情を聞き分けることができます。

また、料理を作る音から食欲が湧いてきたり、雨音が心にしみ渡ったり、教えを聞くことによって見識を深めたりして、私たちは聴覚から無意識のうちに多くのことを学んでいます。

コミュニケーションでも、聞き手にまわるとスムーズなコミュニケーションが図れます。

生活環境&ライフスタイルからチャクラを整える

コミュニケーションは、「風通し」を良くすることによって自分も相手にも気持よい人間関係を構築することができます。住環境においても、風通しを良くすること。そのためにも、廊下やフロアの上に物を置いていないかチェック。また、部屋にも不要なものをごちゃごちゃ置かず、できるだけシンプルにして風通しの良い空間作りを心がけてください。

また、毎朝、玄関や各部屋の窓をすべて開けて、風を通して空気を入れ替えましょう。フレッシュで風通しのよい空間にすると、人間関係や滞っていた物事がスムーズに運ぶようになります。

第5チャクラを元気にするバリ島のミラクル
――心から笑ってみる

ここ最近、大声で笑ったことはありますか？

TVやスマホを眺めてにやっと笑ったり、クスッと笑ったことはあっても、「ここ最近、あなたは、大声で笑ったことはありますか？」と聞かれれば、「それは、しばらくないかも……」という人が意外と多いのではないでしょうか。

バリ島では、昼下がりになると、数人であちこちに集まってのんびりとおしゃべりをする光景が見られます。

そんなときに聴こえてくるのが大きな笑い声で、目にするのは心から本当に笑っている笑顔です。大の大人たちが子どものように無邪気にケラケラと笑っているのです。

笑うことでリラックスし、免疫力を高め、幸福ホルモンと呼ばれるエンドルフィンなどの脳内ホルモンが出ることが近年、認知されるようになってきました。

笑い続ける「ラフターヨガ（笑うヨガ）」などもこの効果を狙ったものです。

鏡の前で口角を上げて笑顔を作るレッスンをご紹介しましたが、心から本当に笑えることを意識して自分の生活に取り入れてみましょう。

日本人は〝営業スマイル〟として、社交辞令からの笑顔に慣れていたりするものですが、心から大声で笑うことで喉のチャクラも開いてきます。

日常生活の中で大声で笑えれば一番なのですが、シリアスな日々ばかり送っていて笑うきっかけがない、という人には、「お笑い番組」や「コメディ映画」などを見るのもおすすめ。

ぜひ、一日一善ならぬ、一日一笑で過ごしてみてください。

第５チャクラと色

第５チャクラが対応する色は「青」です。

第５チャクラは「コミュニケーション」を表すことから自己表現や人間関係と深く関係しており、その色は、海のように澄み切ったターコイズブルーです。

第５チャクラのバランスの良い場合は、深部まで澄むようなブルートパーズのような青色になりますが､バランスが崩れると、濁った水のような暗い青色になります。

第５チャクラを元気にするアイテム

●のど飴（美しい声は豊かなコミュニケーションを導きます）
●コメディ映画
●アロマ……………ティーツリー、サイプレス、ユーカリ、ペパーミント、スペアミント
●パワーストーン…ブルートパーズ、アクアマリン、アマゾナイト、ラリマー、ターコイズ、ソーダライト
●フルーツ＆野菜…ブルーベリー、マーロウ、にんにく

第5チャクラを開くマントラ

ドゥモギニュェネンチャクラリモ

Dumogi nyeneng cakra lima

第5チャクラを活発にして
コミュニケーションの達人になり、
豊かな人間関係を構築しましょう

第6チャクラ

インスピレーションを
与えてくれる
エネルギー

第6チャクラとは?

インスピレーションを与えてくれるエネルギー

キーワード 「直感」「洞察力」「未来の叡智」

名称 第3の目のチャクラ（サードアイチャクラ）

チャクラの意味と役割

「第3の目（サードアイ）」のチャクラと呼ばれるように、「インスピレーション」や「直感」を表すチャクラ。

何かと直感が冴えていたり、たとえ、困難やトラブルに直面してもスイスイと物事が運べたり、先が読める人は、この第6チャクラが開いている人です。

「第六感（シックス・センス）」とも言われているように、この第3の目が開いていれば、超感覚やサイキック能力なども発揮することができます。

このチャクラを上手に開くコツは、しっかりとこの現実の世界の地に足をつけることを意味するグラウンディングができている状態であること。

その上で直感を上手く使いこなせるようになれば、あらゆる物事はスムーズに進むでしょう。

第6チャクラが閉じていると、アイディアはあるのに実行できない、集中力が続かない、考えすぎて疲れてしまう、などの状況に陥ってしまいます。

また、第6チャクラが開きすぎてしまうと、逆に、見えない世界への興味が大きくなりすぎて、幻想の世界でのみ生きるようになってしまうことも。

位置

いわゆる「第３の目」と呼ばれる額の中心に位置します。

第６チャクラと身体との関係

脳下垂体、松果体などの脳に加えて、目、鼻、耳などすべての感覚器官と神経系に関係しています。

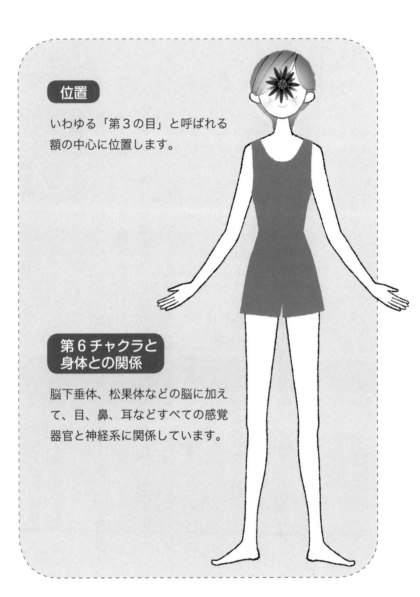

身体的には、目が見えにくくなったり、耳が聞こえにくくなったり、肩こりや偏頭痛になることもあるかもしれません。

やはり、ここでもチャクラのバランスを取ることが大事になってきます。

第6チャクラを活性化するために

第6チャクラを活性化するということは、「第3の目を開く」ということです。

そのために、「直感を信じる」ことが大切になってきますが、直感を信じるために必要になってくるのは、何よりも自分を信じることです。

なぜならば、自分のことを信じられない人は、自分の直感をも信じることができないからです。

あなたが、自分のことを信頼できるほどに、直感も当たるようになってくるでしょう。

また、第6チャクラをより活性化するには、常識にとらわれず、常に新たなことに挑戦して新しい体験をしたいという気持ちでいること。そんなチャレンジ精神旺盛な人にこそ、直感というひらめきが降りてきます。第6チャクラは、そんな人に対して、未来の人生の方向性や道しるべになるヒントを与えてくれるのです。そして、その直感にもとづいて喜びと共に人生を歩むと、さらに人生の良い流れに乗りやすくなるでしょう。

第6チャクラを開放するポイント

- ピン！と来る直感を信じてみる
- 広い視点に立って物事を考えてみる
- 自分の3年後、5年後を想像してみる
- 宇宙の神秘や人間という存在の神秘に思いを馳せてみる
- 第1チャクラから第5チャクラまでの復習をする

ワンポイントアドバイス

第1チャクラから第5チャクラのバランスが整うことで、第6チャクラは自然にバランスが取れてきます。

第6チャクラのバランスを崩す要因

- 物事の本質を見ることができない
- 思考することがすべてだと思っている
- 目に見えることしか信じない
- 自分の考え以外は受け入れられない
- マイナス思考になりがち
- 奇跡やシンクロニシティなどは信じない

両親からの教育や学校で学んだこと、もしくは自分の知識・体験したことだけがすべてであるという狭い視野や偏った考え方になってしまうと、直感力が育たず、第6チャクラも開かれないままになってしまいます。まずは、どんな考え方もすぐに否定せずに、フレキシブルに受け止めることが大切です。

第6チャクラに有効！——直感力を試すレッスンでチャクラを整える

直感力をアップさせるためには、自分の直感がどれだけ当たるかを自分自身で試してチェックしてみることです。もちろん、思考や経験による選択ではないことから、ときには、直感が外れて望んでいない結果になることもあるはず。けれども、何度も自分で試しているうちに、どんなときに直感が当たるかなどのパターンがわかってくるはずです。

①直感で降りて来たことをトライしたり、実際に行動するなどして実践してみる。
②その直感が実際に上手く行ったかどうかを後でチェック。
③どんなケースの場合に直感が上手くいくかの統計を取ってみる。
④ケースを重ねることで、実際に上手くいく直感が自分でわかるようになってくる。

第6チャクラと感覚
——第六感

第6チャクラと対応する感覚は、いわゆる「第六感」と呼ばれる超感覚です。これは、すべての五感がバランス良く整ったときに発達する感覚と言えるでしょう。この第六感が発達することで、〝虫の知らせ〟のような体験が増えたり、勘が鋭くなったり、テレパシーや透視などの能力が発達してくることもあります。

この目に見えない超感覚は、経験やレッスンを重ねることにより、より実践的に活用できるようになります。

生活環境&ライフスタイルからチャクラを整える

「サードアイ」のチャクラを整えるためには、あらゆるものがクリアに見通せるように、すべての物が「整理整頓」されていることが大切。

住環境においても、部屋をキレイにしておくだけでなく、引き出しやクローゼットの中まで収納するものを分類して何がどこにあるかがわかるように整理しておくこと。

見えない部分に物がぐちゃぐちゃに詰め込まれていると部屋の波動は滞るので、その中で暮らす人の波動にも影響してきます。

新しい物をひとつ買ったら、ひとつ捨てるくらいのミニマリズムの感覚で無駄なもののないすっきりとした部屋を心がけて。

第6チャクラを元気にするバリ島のミラクル――ときには、デジタル・デトックス

「神々の島」であるバリ島に住む人々は、第6チャクラが開いていることは第1章でもお伝えしました。

サードアイが開いているバリ島の人々は、ホワイトマジックだけでなく、ブラックマジックを使えてしまうくらい良くも悪くも見えない世界と通じやすいのです。

言ってみれば、彼らは見えない世界の波動をキャッチしやすいのです。

そこで、もし、あなたが見えない世界とつながりたいのなら、波動をキャッチしやすい環境を物理的に作ってみるのもひとつの方法です。

たとえば、都会で現代生活を送る私たちの周囲には幾重にもあちこちから、さまざまな電磁波が飛び交っています。

人口の数だけの携帯・スマートフォンの電波やwifiからはどれだけ電磁波が出ているでしょうか。

また、自宅の家庭用の電化製品からも電磁波は発生しています。

電磁波による過敏症などは現代病のひとつですが、これらの電磁波の嵐があなたの直感を妨げていることもありえるのです。

そこで、ときには思い切ってスマートフォンの電源を切って、さらには、電波が飛び交っていないような自然の中へ出かけてみる「デジタル・デトックス」をしてみるのもおすすめです。

自然の中でリラックスができるのは、自然の中に身を置くからというだけでなく、もしかして、あたりで人工的な電磁波が飛び交っていないから、ということもあるえるのです。

そんな中で瞑想などすると、今、あなたに必要なメッセージがインスピレーションで降りて来るかもしれません。

第６チャクラと色

第６チャクラが対応する色は「藍色（インディゴブルー）」です。第６チャクラは「直感」を表し、周りを落ち着かせるような深い藍色をしています。第６チャクラのバランスの良い場合は、夜空に星がちりばめられたようなインディゴブルーになりますが、バランスが悪い場合は、曇った夜空のような色になります。

第６チャクラを元気にするアイテム

●未来日記をつけてみる
●アロマ……………ローズマリー、ジュニパー、タイム、カルダモン、ローズウッド、クローブ
●パワーストーン…サファイア、カイヤナイト、ラピスラズリ、ソーダライト、インディゴフローライト、アズライト
●フルーツ＆野菜…ナス、プラム、ライスベリー、ブラックベリー

第6チャクラを開くマントラ

ドゥモギニェネンチャクラナナム

Dumogi nyeneng cakra nenem

第６チャクラを活発にして
直感力を高め、
未来への選択をもっと広げていきましょう！

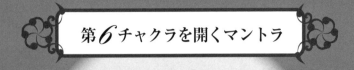

第7チャクラ

宇宙の愛と
つながる
エネルギー

第7チャクラとは？
宇宙の愛とつながるエネルギー

キーワード 「霊的意識」「宇宙とのつながり」「ハイヤーセルフ（高次元の意識）」

名称 天頂チャクラ（クラウンチャクラ）

チャクラの意味と役割

チャクラの中でも一番上の頭頂部に位置する「天頂チャクラ（クラウンチャクラ）」は、霊性についての学びを教えてくれるチャクラ。私たちは、この第7チャクラで宇宙とつながることによって、霊的意識や宇宙からの叡智を取り入れることができるのです。

スピリチュアルの世界で、よく「ハイヤーセルフからのメッセージが降りてきた」などと言われるものなどは、この第7チャクラを通じて得られる高次元の意識のことであり、また、あなたがどの次元とつながっているか、という宇宙へのゲートにもなっています。

宇宙という言葉がピンと来ない人は、地球を含め、この世界にある万物を創造している大いなるみなもとのエネルギーというようなものをイメージしてください。

第7チャクラが活性化していると、生かされていることに対して自然に感謝の気持ちが湧いてきたり、祈りの気持ちが出てきたり、直感的に自分の進む道を歩んで行くことができるでしょう。

一方で、このチャクラが閉じていると、物質的な世界だけに執着したり、エゴが優先的になったり、不調和が生まれやすい状況になってしまいます。

位置

頭頂部に位置しています。

第７チャクラと身体との関係

脳の松果体と下垂体、および神経系を司っている他、身体全体と精神面にも関係しています。

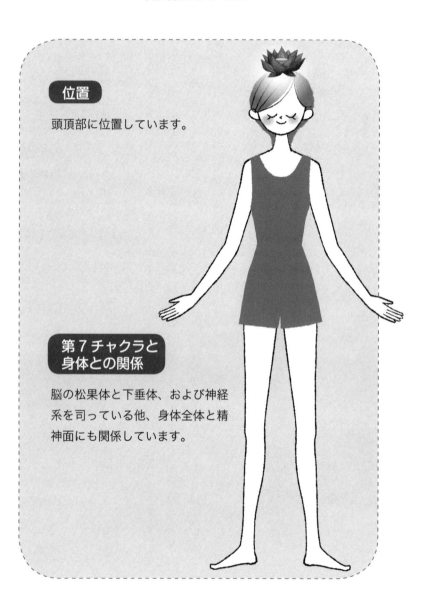

身体的には、物覚えが悪くなったり、判断が鈍ったり、ぼーっとすることが多くなり生活に困難をきたすことが出てくることも。天頂のチャクラだからこそ、逆に、グラウンディングを意識することも大切です。

第7チャクラを活性化するために

宇宙とつながるための第7チャクラを活性化する方法は、まずは、つながる宇宙を信頼すること。そして、宇宙とつながる自分を信頼することです。

宇宙とは、無限大の愛と豊かさを与えてくれる存在です。だからこそ、そんな宇宙とつながるためには、自分のエゴを前面に押し出さないことです。つまり、「幸せになりたい」「お金持ちになりたい」「○○が欲しい」という自分だけが幸せになればいいという「私」という意識ではなく、地球の一員として「私たち」という意識になれる自分になることがポイントです。

そんな〝大いなる善〟の意識になれたあなたの第7チャクラは活性化して、高次の宇宙とつながることができるはずです。そして、ひらめきや直感としてあなたの人生に必要なメッセージをもたらし、そのメッセージからミッションが果たせることができれば、結果的に、それがあなたに幸せと豊かさを届けてくれるのです。

第7チャクラを開放するポイント

- 自分が肉体を超えた魂の存在であることを認める
- 他の人の自己（魂）を認められる
- 自分がこの広い宇宙の一員だと理解できる
- すべてがワンネスという概念で成り立っていることが理解できる
- 愛と感謝の気持ちが持てる
- 地球の美しさや自然を守りたいという意識がある

第7チャクラのバランスを崩す要因

- 見えない世界への不信感や猜疑心
- 「自分だけ」というエゴの意識
- お金や物質世界への執着
- スピリチュアリティだけを信じること
- 憎しみや敵対心や冒涜的な思考があること
- エコロジーに興味がないこと

見えない世界への不信感は宇宙とのつながりを断つことになりますが、逆に、神秘的な世界だけを信じてしまうこともまた、第7チャクラのバランスを崩すことにもなってしまいます。

また、場合によっては大宇宙の原理である愛の世界とのつながりではない、別の次元とつながりを持ってしまうこともあるので要注意です。

自分のマインドや思考、心の持ち方がそのまま、第7チャクラを通してあなたが見ている世界とつながっています。

第7チャクラに有効！——引き寄せ力をイメージしてチャクラを整える

私たち人間は皆、幸せになるために生まれてきています。

特に第7チャクラがバランスよく整えば、あなたが幸せになるためのひらめきやヒントなどが降りてきて、具体的な行動にむすびつくチャンスのタイミングなども見逃さないはずです。

もし、今、幸福感が感じられない、運がツイていないと思う人は、天頂チャクラを活性化させる引き寄せのイメージングを習慣づけてみてください。

①宇宙は自分の味方であると信じる。
②なりたい自分をイメージし、ビジュアライゼーション（想像の中で可視化してみる）を行う。
③②を叶えるためのメッセージを宇宙に仰ぐ。

宇宙からの答えはすぐには降りてこないかもしれませんが、①〜③を習慣化することで宇宙とのつながりができると、あなたにとってベストなタイミングでヒントが降りてくるでしょう。

第7チャクラと感覚 ——すべての感覚の統合

第7チャクラが対応するのは、これまでの「すべての感覚」の統合です。五感および第六感が発達し、すべての感覚が統合することで、あなたのスピリチュアリティは開花するのです。

感覚を統合できるようになると、いわゆる、悟りやワンネスの境地にたどりつくことも可能になってきます。これはクンダリーニ（詳しくは後述します）で到達する覚醒とも似ているところがありますが、クンダリーニで到達する感覚は一時的なものに比べて、チャクラの統合によるその感覚はバランスが良いので持続性があり、幸福感を日々の生活に活かすことが可能になってきます。

生活環境＆ライフスタイルからチャクラを整える

宇宙がテーマである第7チャクラは、自分が暮らす空間も良いエネルギーが漂うひとつの宇宙にすること。そのために、常に部屋の「浄化」を心がけてください。

掃除はもちろんのこと、生花や観葉植物を飾ったり、浄化力の高いクリスタルやパワーストーンなどの小物にこだわって部屋を高い波動にしておきましょう。

そんな空間を作っておけば、家に戻ったときにも疲れが取れてリフレッシュ。明日への英気を養うことができるでしょう。

毎朝、部屋の空気を入れ替えて朝日を入れたり、ときには、お香やセージを焚《た》いて定期的に浄化も行ってください。

第7チャクラを元気にするバリ島のミラクル——「マイ祭壇」を作ってみる

「祈り」が生活の中心にあるのが、バリ島の人々です。

そこで、バリ島の人たちの習慣にならって「祈ること」を生活に取り入れてみましょう。

たとえば、宗教などにこだわらず、自分の部屋のコーナーにパワーストーンやお花、キャンドルやお気に入りの小物を飾って自分なりの祭壇を作って、その祭壇に向かって手を合わせて祈りを捧げるのもひとつの方法です。

　また、日本でも自宅には神棚が高い位置にあるように、祭壇はできれば低い位置でなく、高い位置に作るのがおすすめですが、自分にとってくつろげる空間のお気に入りのスペースであれば問題ありません。

　祭壇はあなたにとっての聖なる場所であり、お部屋の中にあるテンプルのような存在になるので、いつもきれいにしてホコリなどがつかないようにしておきましょう。

　祈る際には、自分の希望を叶えるためのお願いをするだけではなく、いつも生かされていることへの感謝の気持ちも一緒に捧げることが大切です。

第７チャクラと色

第７チャクラが対応する色は「紫」です。

「霊性」を表す第７チャクラは、高貴なスピリチュアリティをイメージさせる美しい紫色をしています。

第７チャクラのバランスの良い場合は、白い光が内側から輝くアメジストのような紫色になりますが、バランスが悪い場合は、黒味のかかった暗い紫色になります。

第７チャクラを元気にするアイテム

●お香やセージなど浄化グッズ
●アロマ……………サンダルウッド、フランキンセンス、ミルラ、シナモン、メリッサ
●パワーストーン…アイオライト、アメジスト、スギライト、チャロアイト、レピドライト、エレスチャル
●フルーツ＆野菜…ブドウ、紫芋、アカミズナ、紫キャベツ、紫玉ねぎ

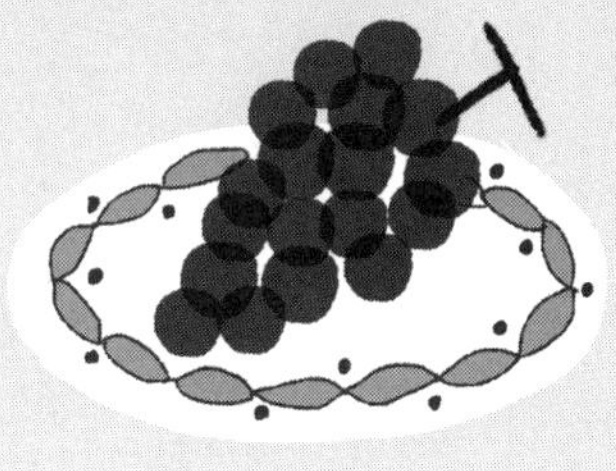

第7チャクラを開くマントラ

ドゥモギニェネンチャクラピトゥ

Dumogi nyeneng cakra pitu

第７チャクラを活発にして
高次のパワーとつながり、
霊性を高めましょう！

すべてのチャクラを開く魔法のマントラ

これまで、第1チャクラから第7チャクラをそれぞれ開くマントラを伝授してきましたが、最後にすべてのチャクラをバランスよく開くマントラをご紹介したいと思います。

これはバリ島に伝わるガヤトリマントラと呼ばれるもので、バリ・ヒンドゥの教えの中でも、最強のホワイトマジックのひとつと言われている魔法のマントラです。

このマントラは、「万物のすべてである最高神（宇宙）に敬意を払い崇《あが》めます」という内容を歌った祈りのマントラで、このマントラを唱えることにより最高神（宇宙）とつながることから、よりチャクラも開きやすくなると言われています。

また、このマントラは、唱える人の波動を高めるだけでなく、悟りへと導く効果もあり、その効果も自分だけではなく、周囲の人にも良い影響を与えるほど最強かつ万能なマントラなのです。

バリ島では、1日3回朝昼晩とこのマントラの音楽が寺院内に流れて、私たちはこのマントラを唱えながらチャナンのお供え物の準備をしていたものですが、このマントラを唱えている人のチャクラはすべてが開きキラキラと輝いていたのを思い出します。

ぜひ、そんなバリ・ヒンドゥの教えの恩恵を皆さんにも受けてもらいたいのです。

このマントラは、いつでもどこでも唱えることは可能ですが、できれば、落ち着いた静かな空間でひとりで瞑想を行いながら唱えるのがオススメです。

瞑想を行う前には事前に次のような準備を行ってください。

瞑想を行う前に

●手洗いとうがいをしておく
●事前にシャワーやお風呂に入って身を清めておく
●締めつけない、ゆったりとした清潔な衣服を身に着けておく
●瞑想を行う部屋の掃除をして、換気を行い部屋の空気を入れ替えておくこと。お香やセージなどを焚いて邪気を払い、部屋を清めておくとさらに効果的
●食事の後でお腹がいっぱいの状態でないのがベスト

これらの準備を整えると、安心して瞑想に集中できるはずです。

実は、瞑想を行うということは、自我を無くして無防備な状態になるということでもあり、ポジティブな効果を得られる一方で、場合によってはネガティブな悪影響も受けやすくなります。

そのためにも、瞑想の前にはこれらの準備を行い、何よりもピュアな自分になって瞑想に臨むことです。

すべてのチャクラを開くガヤトリマントラ

OM BHUR BWAH SWAH

TAT SAWITUR WA RENIAM

BHARGO DEWA'SYA DHIMAHI

DHYOYONAH PRACODAYAT

TRI SANDHYA / GAYATRI MANTRA

オーム　ブゥ　ブヴァ　スワァ

タァ　サヴィトゥ　ヴァアレェニャム

バァルゴォ　デヴァシャ　ディマヒ

ディヨォ　ヨォナア　プラチョゥダヤ

●ガヤトリマントラの訳

「サンヤンウィディ*(バリ・ヒンドゥの最高神)」に
祈りを込めて、最大の敬意を表します。
サンヤンウィディは、地下・地上・空のマスターで
いらっしゃいます。
サンヤンウィディより、素晴らしい知恵と精神性が
私たちに降り注ぎますように。

＊サンヤンウィディとは
日本語では神様を意味する言葉。バリ島では「サンヤンウィディ」と呼ばれていますが、正式には「イダ・サンヤン・ウィディ・ワサ」と言います。

●解説

「宇宙の無の世界から神々が発生し、人間が生まれました。私たち人間は過ちを犯しますが、もともとは宇宙から生まれた汚れなき存在です。だから、すべてはゆるされて神様に守られています。ありがとうございます」という内容です。

これは、バリ・ヒンドゥの人々のすべての存在に神様が宿っていることを尊び感謝を捧げるアミニズムの精神を象徴している歌です。

チャクラとつながる
ソルフェジオ周波数の音楽だから、
聞くだけでチャクラが開く！　チャクラが輝く！

by Hitomi × Tribal Blue

付属のCDには、チャクラを開き、活性化させる計10曲の音楽が入っています。浄化からウォーミングアップを経て、第１チャクラから第７チャクラまでを順番に活性化させていき、最後はクールダウンで終わります。CDはリピートして聞くと、よりチャクラがイキイキと輝くような仕組みで作られています。瞑想するときや、眠る前のリラックスタイムなどに聞くとより効果的です。

1曲目　プロローグ-----浄化からスタート
Original Regression (Key 174Hz)

2曲目　オープニング----エネルギーをアップさせるウォーミングアップ
Discovery and Expectations (Key 285Hz)

3曲目　第１チャクラのために-----出発・誕生する
Prism Gate (Key 396Hz)

4曲目　第２チャクラのために-----行動し進化する
Energy Field (Key 417Hz)

5曲目　第３チャクラのために-----生命体（水）の修復
Healing Source (Key 528Hz)

6曲目　第4チャクラのために-----愛とつながりを感じる
Relate Waves (Key 639Hz)

7曲目　第5チャクラのために-----他の意識とのコミュニケーション
Vibration Waves (Key 741Hz)

8曲目　第6チャクラのために-----感覚の無限性
Another Sense (Key 852Hz)

9曲目　第7チャクラのために-----光と物質の融合
Layer of Things (Key 963Hz)

10曲目 エンディング----クールダウン
Cool Down (Key 528Hz＆639Hz)

第３章

もっと知りたい！　チャクラの秘密

～チャクラの知識　上級者篇～

身体を取り巻くエネルギーフィールド

すべてのものはエネルギーから成っていて、私たち人間もエネルギーから成っています。

つまり、私たちの身体も、目に見える肉体という物理的な部分だけを指すものではありません。

ひとつの身体を取り巻く、幾つものエネルギーの層が重なり合い、それがひとつになったエネルギーフィールドの複体が私たちの身体でもあるのです。

このエネルギーが放つ「光」こそが、私たちが「オーラ」と呼んでいるものであり、このオーラの状態を左右させるのがチャクラなのです。

つまり、私たちのチャクラは身体の外のエネルギーともダイレクトにつながっていて、外からの影響を受けたり、また、内側から外側に影響を与えるという働きをしているのです。

いわば、チャクラは宇宙とつながっている、とも言えるのです。

それでは、ここで身体を取り巻くエネルギーの種類を見てみましょう。

私たちの身体をエネルギーで捉えると、それらは、❶肉体、❷エーテル体、❸アストラル体、❹メンタル体、❺コーザル体の5つに分類できます。

肉体の身体を取り巻く4つのエネルギーフィールド

❶エーテル体……肉体と密着したオーラの第一層とも呼べる肉体の外のエネルギー体。皮膚から5～10センチの幅で身体を取りまくエネルギー。ツボや経絡など

を用いたケアは、このエーテル体に働きかけることで行われる。

❷アストラル体……エーテル体の外側にあるエネルギー体。感情体とも呼ばれ、人間の感情や情緒、欲望などを司るエネルギー体。幽体離脱、体外離脱などを行うときのエネルギー体でもある。

❸メンタル体……アストラル体の外側にあるエネルギー体。アストラル体がより人間の感情に近いエネルギーを司るのに対して、メンタル体はより精神性の高いエネルギー体になる。その人の思考や知性、自己表現、クリエイティビティなどのエネルギー。また、過去生からの才能などもこのエネルギーに貯蔵されている。

❹コーザル体……メンタル体の外側にあるエネルギーでより神性の高いエネルギー体。「本来の自己」や「その人の魂の器」を表すエネルギー。輪廻転生により魂は学習を終えると、コーザル体の殻を破ってエネルギーの身体から離れていく。

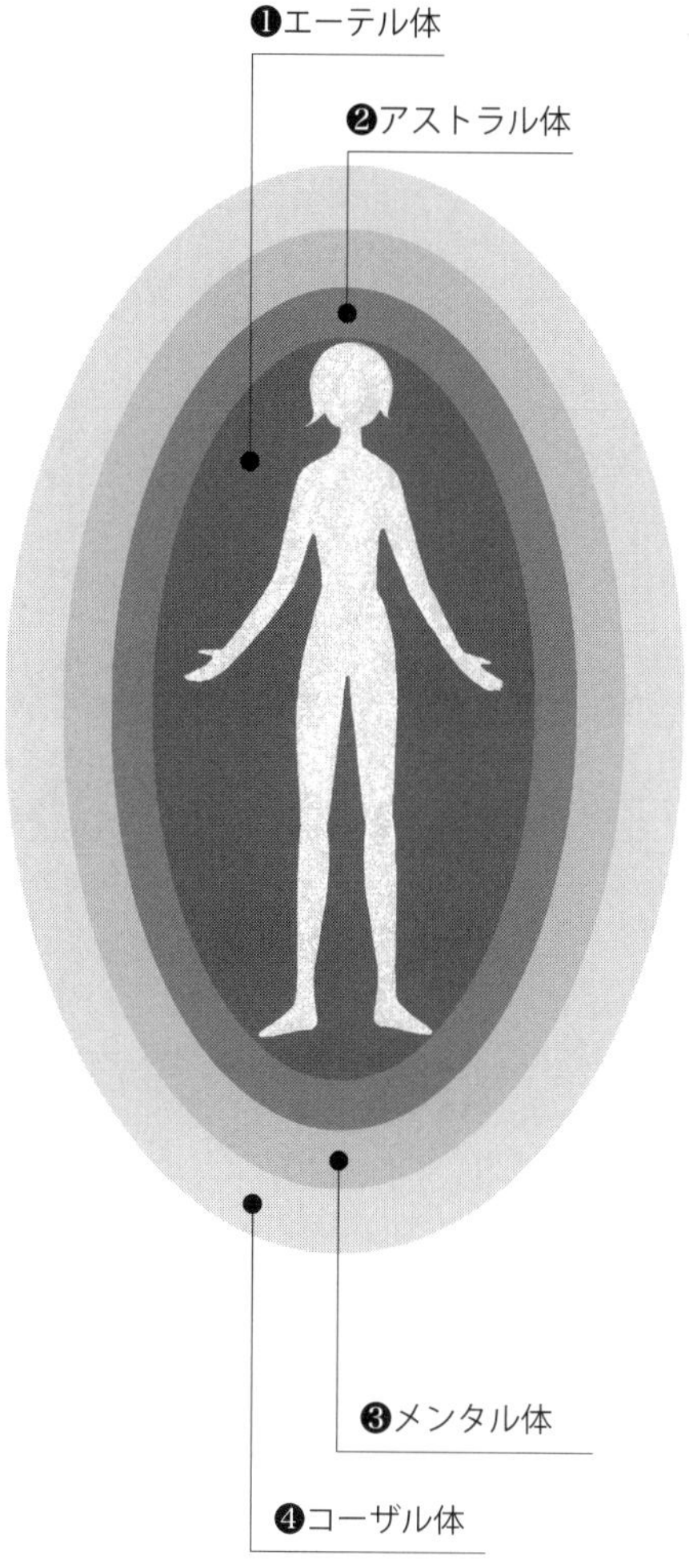

基本的に、これらのすべてのエネルギーの状態がバランス良く維持されていると、チャクラの状態、また、チャクラの輝きの反映でもあるオーラの状態を良好に保つことにつながります。

そこで、エネルギーの浄化（入浴、自然の中でのエネルギーチャージ、部屋のクリアリング）などを定期的に行うようにしましょう。

特に、メンタル体やコーザル体などより高次の精神性を表すエネルギーフィールドは、スピリチュアル関係のワークや深い瞑想でアクセスをしたり、寝ているときに夢を見てアクセスをしている部分です。

これらのエネルギーにつながるには、瞑想などでハイヤーセルフとのつながりを持つようにしたり、夢日記をつけてみるのもおすすめです。そうすることで、メンタル体やコーザル体にある過去生からの知識や才能なども、もたらされやすくなるでしょう。

チャクラのチェック方法

「チャクラの開き加減を知る方法はないのですか？」

そんな質問をよく受けることが多いのですが、第2章の44ページにある質問に答えるセルフチェック以外にも、自分のチャクラが開いているかどうかをチェックできる方法があります。

ここでは、チャクラの開き加減を感覚で測る方法をご紹介しましょう。

まずは、リラックスした状態で、自分の感覚にフォーカスしてみてください。

①チャクラの7つのポジションを感じてみる

自分の体の前側にある7ポジションをひとつずつ手で触れてみたりして感じてみましょう。

圧があったり、エネルギーに〝張り〟はありませんか？
暖かい感じがしますか？
冷たい感じがしますか？
ピリピリしていますか？
トゲトゲしていますか？
ふわっとしていますか？

それぞれの感覚を自分自身で感じてみてください。

「何も感じない」という人もいることでしょう。けれども、あきらめずに、しばらく何度か練習を繰り返してみてください。次第に、あなたのチャクラが発する微細なエネルギーを感じられるようになるはずです。

②エーテル体、アストラル体に触れてみる

次に、自分の肉体の外のエネルギーを感じてみましょう。

まず、自分の身体の外側の腕のあたりの皮膚から10センチくらいまでのエネルギーを手で触れるようにして感じてみてください。

手を離したり、近づけたりして身体のすぐ外のエーテル体、そして、さらにその外側にあるアストラル体との感覚の違いなどを感じられるかトライしてみましょう。

そして、7つのチャクラの肉体の外側のエネルギーもチェックしてみてください。

肉体に直接触れたときと同じ感覚がしますか?

やはり、圧があったり、暖かい感じや冷たい感じ、ピリピリしたりする感じなどがあるかどうかをそれぞれのチャクラで感じてみてください。

場合によっては、チャクラのチェックをしている最中に体が熱くなったり、足元が暖かくなったり、頭痛がする人もいたりします。

この感覚で感じるチャクラチェックは、自分の感性を磨くことでどんどん研ぎ澄まされていきます。

そして、自分にとって「こんなふうに感じる状態が、一番調子がいい」という感覚をつかんでみてください。

その感覚を維持することが、あなたのチャクラをベストな状態に維持してくれるものなのです。

13のチャクラについて

「13のチャクラを意識することで、もっと私たちは変わることができる！」

これは、これまで私が長年にわたって多くの方のチャクラを観てきて、そして、皆さんのチャクラを開くお手伝いをしてきて常々感じていることです。

第1章でもお話ししましたが、私たちには基本になる7つのチャクラに加えて、あと6つのチャクラを加えた計13のチャクラという考え方もあります。

この13のチャクラは、物理的な人体の周囲のアストラル体までをひとつのボディと捉えたときに機能するチャクラになります。

ボディをとりまく13のチャクラ

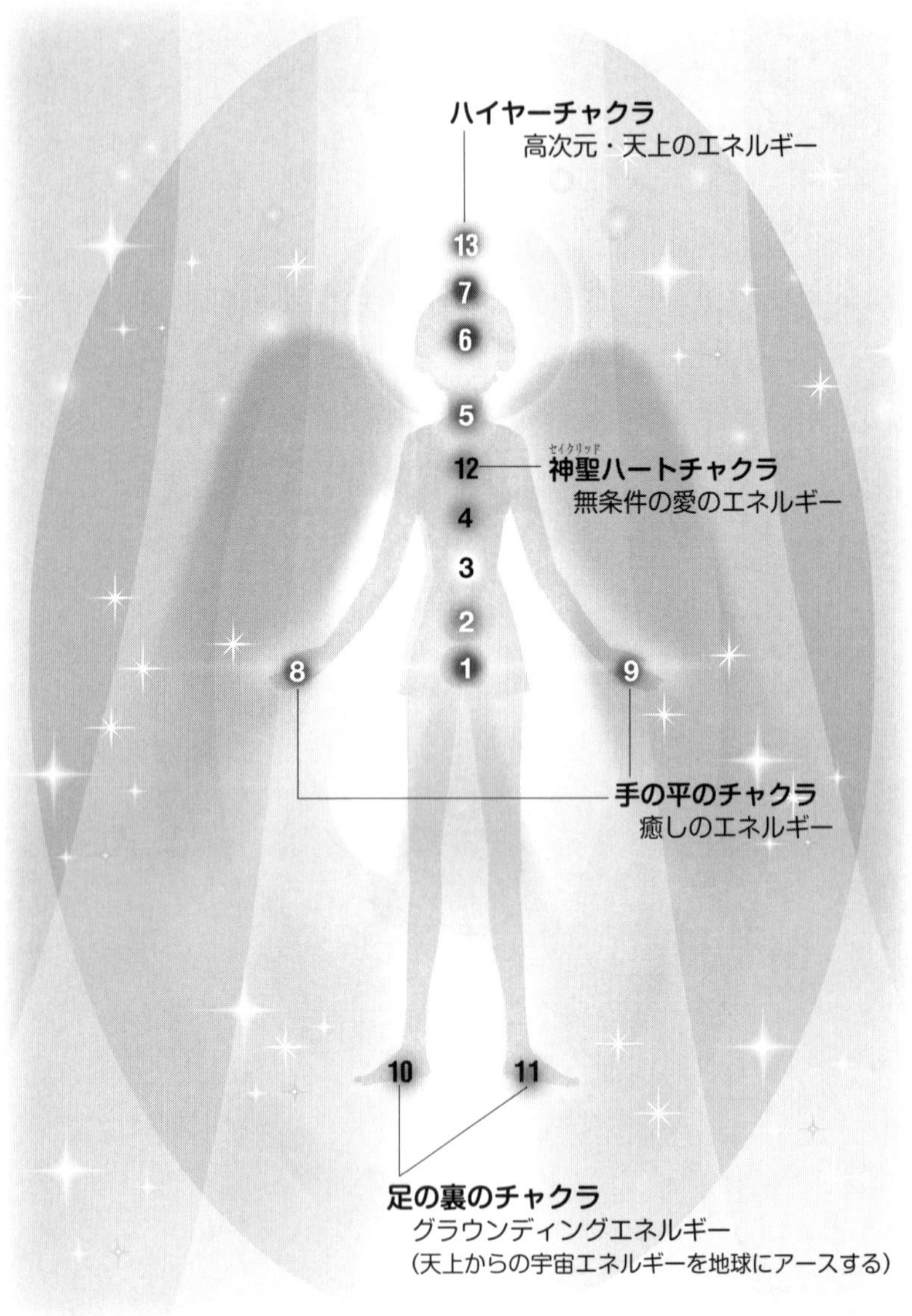

まず、この本でお伝えしているように、私たちは、基本の7つのチャクラをバランスよく開くことで、人生をより自分の望む方向に変えていくことができます。

けれども、13のチャクラを意識することで、さらにパワフルな変化が可能になるのです。

というよりも、13のチャクラを意識することで、基本になる7つのチャクラの活性がよりスムーズに行われる、と言った方がいいかもしれません。

場合によっては、7つのチャクラの活性がどうも上手くいかない、と感じられる人は、13のチャクラを意識することで、ベースになる7つのチャクラが活性化しはじめる、とも言えるほどです。

それは、なぜでしょうか？

なぜならば、すべてのチャクラはつながっているからです。

身体にはエネルギーの出入りするツボが無数にあって、それが経絡というエネルギーラインで流れるようにつながっているように、チャクラも単体のスポットとして独立して存在しているわけではなく、それぞれがひとつの流れとなって関連しあっているのです。

さらにもうひとつの理由として、私たちは物理的な身体を持つ存在というだけでなく、肉体を超えたエネルギー体でもある、ということです。

先述のように、13のチャクラは、特に人間の物理的な身体の周囲にあるアストラル体（肉体の外側のエーテル体の外側にある感情体としての身体）が存在するアストラル界との関連性において重要だと言われています。

それではここで、私たち人間が肉体を超えたエネルギー体としての存在であるということを教えてくれる、６つのチャクラをご紹介しましょう。

第8＆第9チャクラは手の平にある

●第8チャクラ……右手の平
●第9チャクラ……左手の平

手の平のチャクラからは、「癒しのエネルギー」が出ています。

まさに私が子ども時代に感じとっていたのは、手の平のチャクラのエネルギーだったのです。

実は皆さんだって、手の平にはエネルギーがあることを無意識に理解しているはずです。

たとえば、身体のどこかに痛みがあれば、その部分を手で押さえたり、手でなでていることが多いと思います。

また、落ち込んでいる人の背中をなでて慰めたり、泣いている小さな子どもの身体をなでてあやしたり、そんな行為を無意識に行っているはずです。


これも私たちが手の平で癒せる、ということをどこかで本能的に知っているからです。

いわゆる「手当て療法」などは、この第8と第9チャクラからの癒しのエネルギーを用いて行われているものです。

ちなみに、この2つのチャクラを開くのは、自分や他の人への優しさ、思いやりの気持ちを持つときです。

逆に言えば、私たちは、自分や人を癒すときに、優しさがない限り癒しのパワーは出ない、とも言えるのです。


ヒーリングを行う人は、手の平からは癒しのエネルギーが出ていることを自分で意識しながら、愛を込めて行うだけで、その効果には大きな違いが出るはずです。

また、バリへ行ってひとつ驚いた発見がありました。

それは、バリにおいてチャクラを扱う人たち（ヒーラーや聖職者たち）は、第7チャクラである天頂チャクラの次に、この両手のチャクラを重要視しているのです。

これは、進んだ西洋医学より、伝統的な「手で癒す」というヒーリングの手法が根づいている文化がまだまだ残っている土地だからかもしれません。

それにしても、私が一番最初に気づいたのも手のチャクラのパワーだったことから、やはり、バリ島と私には、何かの縁があるのかもしれません。

第10&第11チャクラは足の裏にある

●第10チャクラ……右足の裏
●第11チャクラ……左足の裏

手の平にチャクラがあれば、やはり、足の裏にもチャクラは存在しています。

足の裏にあるチャクラは、「グラウンディングエネルギー（天上からの宇宙エネルギーを地球にアースする）」を出し入れするためのチャクラです。

グラウンディングと言えば第1チャクラの役割ですが、やはり、地面に実際に足をつけて歩きながら生活をしている私たちにとって、第1チャクラに加えて、足の裏のチャクラも意識することが「地に足のついた生き方」のコツになります。

この足の裏のチャクラが開くのは、「不要なものを手放せたとき」です。

自分の中にある過去のトラウマや感情などを手放せたとき、あなたの身体はクリアリングされて導管のようになり、宇宙のエネルギーを地球に降ろすことができるのです。

また逆に、地球のエネルギーが身体の中へと上がっていき、生命力を輝かせることも可能になるのです。

両足のチャクラは、第1チャクラと連携しながら、あなたのグラウンディングをサポートしてくれています。

ハートの上と天頂の上のチャクラ

●第12チャクラ…神聖《セイクリッド》ハートチャクラ

第4チャクラであるハートチャクラの少し上にあるチャクラ。

ハートチャクラも同じ「愛のチャクラ」ですが、アストラル界とつながるこの神聖ハートチャクラは、より崇高で無条件の愛に近い愛と言えるでしょう。

またそれは、人間から人間へ感じる愛情というよりも、この宇宙全体に流れるワンネスとしての愛とも言えるでしょう。

神聖ハートチャクラからは常に愛があふれ出していますが、この愛を受け止めるには、あなた自身が「愛を受け止める」ことを自分にゆるすことです。

●第13チャクラ……ハイヤーチャクラ

第7チャクラである天頂チャクラの少し上にあるチャクラ。

肉体と宇宙をつなぐチャクラで、第13チャクラが開いたときに、あなたはハイヤーセルフの存在を知ることになります。

あなたが宇宙を完全に信頼したときに、このハイヤーチャクラが開きハイヤーセルフとのコンタクトが可能になります。

そのコンタクトはあなたに、シンクロニシティや直感、気づきといった形でさまざまなヒントを与えてくれるはずです。

基本になる7つのチャクラに加えて、私たちの身体の外にあるアストラル体と関連のあるこれらの6つのチャクラも意識することで、より心身共に健康に過ごすことが可能になるだけでなく、見えない世界のサポートを受けながら、宇宙の一員として愛のミッションを果たしていきたいものです。

チャクラとクンダリーニ

ヨガに詳しい方や興味のある方は、どこかで「クンダリーニ」という言葉を聞いたことがあるかと思います。

ご存じの人もいるように、クンダリーニとは、人間の身体の中に存在する根源的な生体エネルギーのことであり、宇宙に存在するプラーナ（気）が人間の身体の中にあるもの、と言われています。

つまり、クンダリーニとは「ほとばしる生のエネルギーの源」のようなものと言えばいいでしょうか。
この生のエネルギーは、性のエネルギーとしても捉えられています。

このクンダリーニのエネルギーは、普段は第1チャクラの尾てい骨のあたりで眠ったままなのですが、瞑想や呼吸法などの修行や、ある出来事がきっかけにより目を醒《さ》ますと、エネルギーが回転しながら脊椎に沿って各チャクラを通りながら上昇してくる、とされています。

そして、このクンダリーニが上昇することにより、至福感を得たり、神秘体験をしたり、また、悟ったり覚醒したりするともいわれています。
けれども、私の考えでは、実際には覚醒の入り口に立ったようなものとするのが正しいと思われます。

というのも、クンダリーニが上昇して生気レベルが覚醒しても、チャクラを開いたままでずっと維持するということは難しいからです。

またこのクンダリーニの上昇で気をつけたいことは、本人の準備が心身共に整っていない段階で上昇が起きたり、何か突発的な形で突然上昇したりすると、幸福感どころか、逆に、不快な症状が起きたり、「ほとばしる生気」というものを正しい形で受け止められないことにもなってしまいます。

そういう意味において、クンダリーニの上昇を試みる場合は、チャクラを安定させた状態で維持できる生活がきちんとできていたり、適切な指導者のもとで順を追って学びながら行うのがふさわしいと言えるでしょう。

また、クンダリーニを上昇させるのは覚醒の入り口に立ったようなもの、とお伝えしましたが、その入り口から本当の意味での悟りの境地に入っていくには、チャクラを開き固定してそれが持続できることがやはり条件になります。

そのためにも各チャクラの意味を深く理解して、各々を活性化させることが自分自身で可能になるように実践を重ねる必要があります。

クンダリーニとは感謝のエネルギー

ちなみに、7つのチャクラのうち、クンダリーニと密接な関係があるのは、第4チャクラと第7チャクラと言えるでしょう。

この2つのチャクラがきちんと開いているということは、あなたが愛と感謝のエネルギーに包まれているということです。

まず、第4チャクラからは、「湧き上がる愛と感謝の気持ち」、そして、第7チャクラからは「宇宙の一員である霊性への自覚」が感じられることで、クンダリーニの上昇も起きやすくなるだけでなく、至高のクンダリーニ体験も可能になるはずです。

この2つのチャクラのどちらかだけでは、やはりバランスの悪いクンダリーニ体験となってしまったり、グラウンディングできない状態での神秘体験などが起きてしまうことになるので注意が必要です。

クンダリーニ体験は求めようと思って得られるものというよりも、あなたのチャクラの状態が整ったときに、不意に訪れるものかもしれません。

もし、あなたがクンダリーニ体験を心から望むなら、第4と第7チャクラを意識しながら、クンダリーニ体験を至福の中で味わうためにも、毎日の生活の中で愛と感謝の気持ちを忘れずに、すべてのチャクラのバランスを整えておきましょう。

第4章

チャクラから願いを叶える！

～目的別・願望別チャクラを活性化させる方法～

「もっとお金があったら」

「もっとキレイになりたい！」

実は、そんなあなたの願いだって、チャクラが叶えてくれるのです！

ここでは、目的・願望別にどのチャクラを活性化したらいいのかをご紹介しましょう。

基本的には、すべてのチャクラがバランスよく活性化することによって、あなたはベストなコンディションになり、正しいタイミングに最高で最善の選択を行うことができるようになるはずです。

けれども、目的や願望によっては、ある特定のチャクラをピンポイントで意識したり強化することで、その効果もグンとパワーアップ。

特に、ひとつのチャクラだけでなく、幾つかのチャクラを合わせて一緒に活性化させる〝チャクラのカクテル〟によって、さらなる相乗効果が期待できるのです。

さあ、〝なりたい自分〟に一歩近づくために、あなたの夢や目標をサポートしてくれるチャクラを活性化しましょう！

1 金運アップ
——チャクラカクテル❷&❻

第6チャクラからのひらめきに、第2チャクラでバイタリティと行動力をアップ

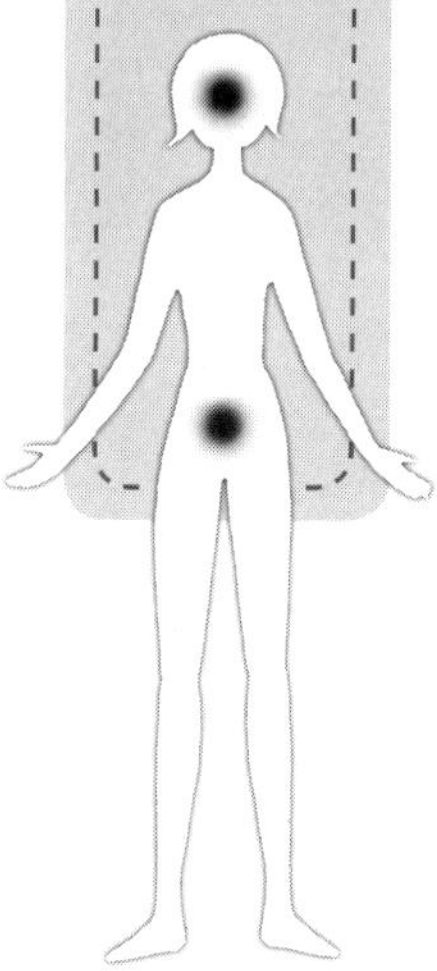

金運アップのために強化したいのは、第2チャクラと第6チャクラ。
ここでの金運とは、宝くじの高額当選に当たるなど何百万分の1のような不確かなものではなく、自分の能力を最大限に活かしたときに発動する金運のことを意味します。
つまり、仕事やキャリアによって得られる金運とも言えるでしょう。
現在、「金運がない！」という人は、まずは、「自分にとっての豊かさとは何？」という

テーマを自問自答してみるところからはじめてみましょう。

そのときに、第6チャクラのサードアイから降りて来る直感に敏感になってみてください。

そして、降りて来るひらめきを頭で考えすぎずに行動に移すのがポイントです。

実は、このときの行動力にバイタリティを与えてくれるのが第2チャクラなのです。

金運は、この2つのチャクラが併せて活性化することで、夢である豊かさは現実感を伴いはじめます。

そして、シンクロニシティを起こしながら、やがて、結果を出すことが可能になるのです。

たとえば、これまでのあなただったら、普通なら応募しないオーディションに申し込んでみたり、少しハードルの高い資格試験を受けてみたりなど、大胆なチャレンジをすることになるかもしれません。

それでも、第2チャクラの夢を叶えるエンジンがあれば、そこから新しい展開が生まれるのです。

ちなみに、第6チャクラは、奇麗な空間を好むので、自分の部屋だけでなく、洋服や持ち物など身の回りを清潔にするのも金運アップのコツです。

確かな金運を叶えるためには、逆に、運だけに頼らず、チャクラのサポートを受けながらも、行動を起こすことで着実にゴールに近づいていきましょう。

ラッキーカラー…ゴールド、シルバー、イエロー
ラッキーパワーストーン…ルチルクォーツ、タイガーアイ

2 恋愛運アップ
――チャクラカクテル❷&❸

第3チャクラで〝本当のあなた〟に戻り、第2チャクラで楽しむ力とセクシュアリティをプラス

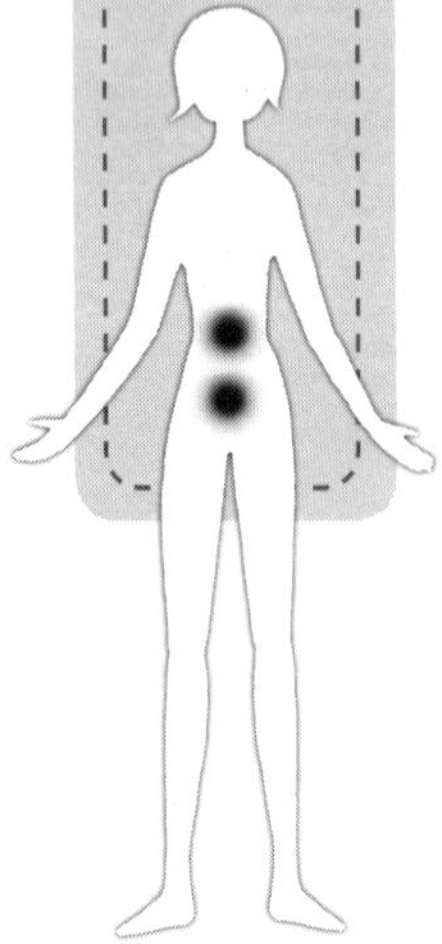

「恋愛運をアップさせてパートナーシップを引き寄せたい！」
そんなあなたに必要なのは、第2チャクラと第3チャクラの活性化。
何よりもまず、第3チャクラが開き、あなたらしさが存分に発揮されていると、おのずとあなたの周りに人が集まってくるはずです。

最高のパートナーシップを築くためには、まずは、あなたが本当の自分であることが大切。

「こうすると相手に嫌われるかもしれない」という不安から自分を抑えた付き合いをしたり、「好きな人の色に染まることが私の幸せ」という相手に自分を合わせるようなパートナーシップは長続きしません。

自分の本音を100％出せること、そして、そんなあなたの良いところも、悪いところも受け止めてくれるパートナーと出会うためにも、等身大のあなたでいられるようにしてください。

そんな無理をしない自然体のあなたになれたなら、第3チャクラから本来のあなたらしさが輝きはじめます。

すると、人生を楽しむパワーの源である第2チャクラも一緒に活性化してくるのです。

第2チャクラは、セクシュアリティもアップすることから魅力度もアップ。

特別なことはしなくても、なぜか異性にモテはじめたり、あなたの元に人が集まってくるようになるのです。

ただし、あなたが輝けば輝くほどに、そのことに嫉妬する人なども出てきたりするので、あなたのエネルギーを摩耗させるエナジーバンパイヤが登場することもあるので要注意。

そんなときには、常に自分へのクリアリングも怠らず、良い波動だけを引き付けるようにガードして臨みましょう。

ラッキーカラー…ピンク、オレンジ、レッド
ラッキーパワーストーン…ローズクォーツ、インカローズ、カーネリアン

3 ビューティー運アップ ——チャクラカクテル❶&❸

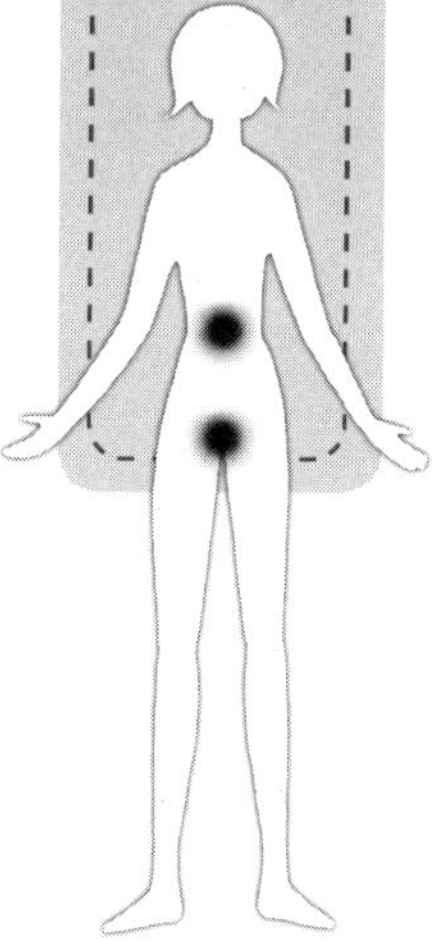

第1チャクラで生命力を輝かせ、第3チャクラで美しさを誇れる自分になる

「美しくありたい！」と願うのは、すべての女性たちに共通する願いではないでしょうか？

ハリのある肌、輝く瞳、ツヤのある髪、めりはりのあるボディなど、世の女性たちの美への願望は尽きることはありません。

そんなビューティー運をアップするには、第1チャクラと第3チャクラを活性化することで、理想に一歩近づくことが可能になります。

まず、美しさは、生命力の現れそのものなので、第1チャクラをバランスよく開くことが大切です。それは、やはり「きちんと食べること」からはじまるのです。

質のよい食材を使った食事や、偏らずに栄養のある食事を摂ることは、生命力をつけるための必須条件。栄養不足を招きがちなダイエットのしすぎは、逆効果になってしまいます。

もちろん、日々の疲れやストレスを残さないたっぷりの睡眠も欠かせません。

こうして、あなたの身体の細胞のすみずみまでに体力と気力が満たされてくると、あなたの元気のエネルギーの司令塔である第3チャクラも活性化してくるのです。

また、第3チャクラが開くことで、あなたは自分の美しさを誇れる自信を取り戻すこともできるでしょう。

この第1チャクラと第3チャクラの関係が円滑にサイクル化してくることで、ココロとカラダはベストな状態になり、あなたの外見だけでなく、内面からも美しさと魅力があふれ出してくるのです。

また、美容運にはチャクラと密接な色との関係を上手に使うのもオススメ。

たとえば、メイクアップならピンク、白〜茶系、ゴールド、シルバーなどでツヤと透明感を意識したメイクを心がけるのが美しさをアップさせる開運メイクです。

加えて、手のチャクラもあなたの美容運をサポートしてくれます。

たとえば、右手の薬指にお気に入りの指輪をつけると、女性らしさや魅力が一段とアップ。よりリラックスして落ち着ける効果もあるので、大人の女性の美しさを演出できるはずです。

ラッキーカラー…ピンク、イエロー、レッド
ラッキーパワーストーン…ローズクォーツ、クリスタル、クンツァイト

4 ストレスに負けない自分になる
——チャクラカクテル❸&❹

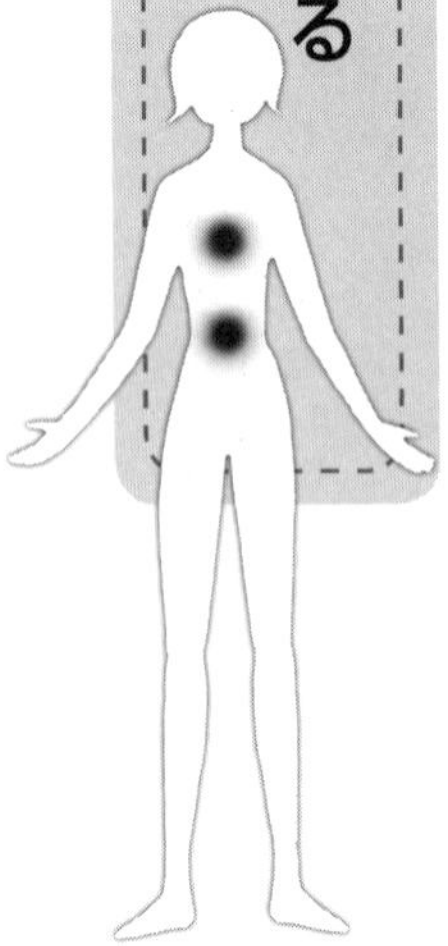

第4チャクラで自分を癒し、
第3チャクラで精神的にブレない自分になる

「仕事で緊張する場面が多くてつらい……」
「家族のために、毎日、我慢して働いている」
「競争社会でサバイバルをするのは苦手……」

果たして、この世界に悩みなどまったくない人はいるのでしょうか?

どんな人も生きていれば、悩みや小さなトラブルを抱えていたりするものです。

でも、第3チャクラと第4チャクラを強化すれば、どんなストレスにも負けない強い自分になれるのです。

まずは、この2つのチャクラのうち、第4チャクラから注目していきましょう。

ストレスを感じたときには、慈愛がテーマの「ハートのチャクラ」のエネルギーを意識してみてください。

両手を胸に当てて深い呼吸を行い、自分自身に癒しのパワーを送りましょう。瞑想しながらこのワークを行うと、さらに自分の深い部分とつながることができるはずです。

あなたが、本当のあなた自身と会話ができたときに、あなたのハートは、ストレスを感じるあなたをゆるし、そして、癒しのパワーを送ってくれるでしょう。

第4チャクラは､常に意識することでハートのチャクラとの良い関係が育つことになり、やがて「ココロが簡単に折れないあなた」になるはずです。

そして、ストレスに負けないあなたになれたなら、精神がどっしりと落ち着き、自分という軸がまっすぐになる第3チャクラも開いてきます。

そんな第3チャクラをさらに活性化するためにも、自分にとってワクワクすること、楽しいことを積極的に日々のスケジュールに取り入れてみてください。

たとえばそれは、ちょっと豪華なスイーツを自分にご褒美で買ってみたり、気分がアガる洋服を着てみたりなど。

そんな小さなワクワクを意識して取り入れるようにすると、やがてそれが、大きなワクワクにつながっていくはずです。

もちろん、第1チャクラも意識しながら、身体全体の健康も見直してください。

「健全な精神は健全な肉体に宿る」ということを忘れずに。

ラッキーカラー…ホワイト、グリーン、オレンジ
ラッキーパワーストーン…マザーオブパール、プレナイト、カーネリアン

5 不要な人間関係の縁を切りたい ——チャクラカクテル❹&❼

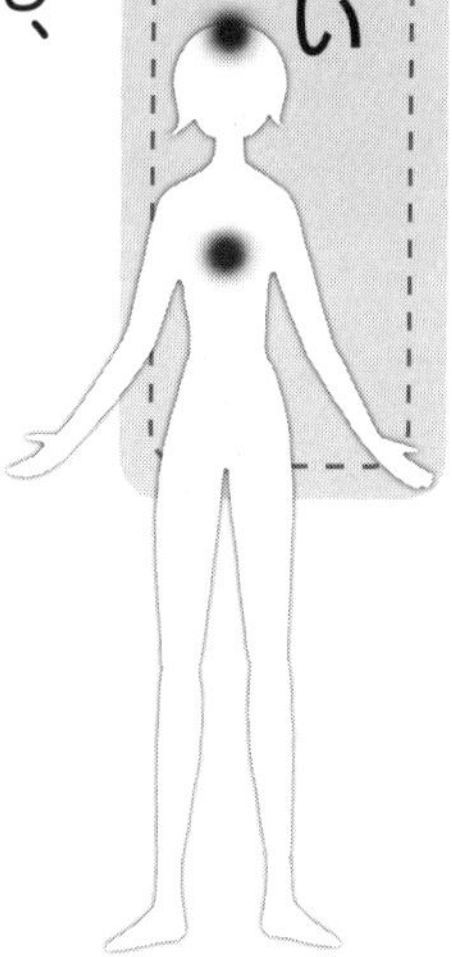

第4チャクラで縁を切ることを自分にゆるし、第7チャクラで宇宙に祈りを捧げる

「別れた相手から、連絡が未だに来て困っている」

「職場に苦手な上司がいる」

生きていく上ですべての人間関係が良好なら、どんなに素晴らしいでしょうか。

でも、どんなに自分が気をつけていても、人生においては、時折、アクシデントのように苦手な人や相性の合わない人との出会いがあるものなのです。

そんな出会いは、自分を成長させてくれるためのものとわかってはいても、それがストレスになってしまうほどだと、やはりなんとかしたいと思ってしまうもの。

そんなときに注目したいのが、第4チャクラと第7チャクラです。

まずは、ハートのチャクラである第4チャクラに「苦手な相手との縁を切ることを自分にゆるす」ということを宣言してください。

そのときには、「この人のことが嫌いだから」などと相手のことをジャッジするのではなく、「この人との関係において私は成長できました。ありがとうございます」と感謝の気持ちを込めて宣言することです。そして続けて、「この人との関係において、自分は十分に学んだので、次のステップに行きます」と宣言するのです。

できればこのとき、心の中でつぶやくよりも、実際に声に出して言うとより効果もアップ。

その次に、第7チャクラを意識しながら、第4チャクラで願ったことが叶うように、宇宙へ祈りを捧げましょう。

コツとしては、強く願った後には、その願いに執着しすぎずに宇宙の采配に任せること。

そして、あくまで「その相手を恨んだり、その人に悪意を向けないこと」です。

あなたの祈りが感謝の気持ちから宇宙に届けられると、いつか、ベストなタイミングで宇宙は願いを叶えてくれるはずです。


そして何より、苦手な相手を責めたり、相手をジャッジしない習慣をつけていると、いつの間にか、苦手な人はあなたの元に引きつけられなくなるでしょう。

ラッキーカラー…ブルー、インディゴ
ラッキーパワーストーン…ターコイズ、アマゾナイト、ハウライト

6 サイキック能力をアップさせたい
——チャクラカクテル❻&❼

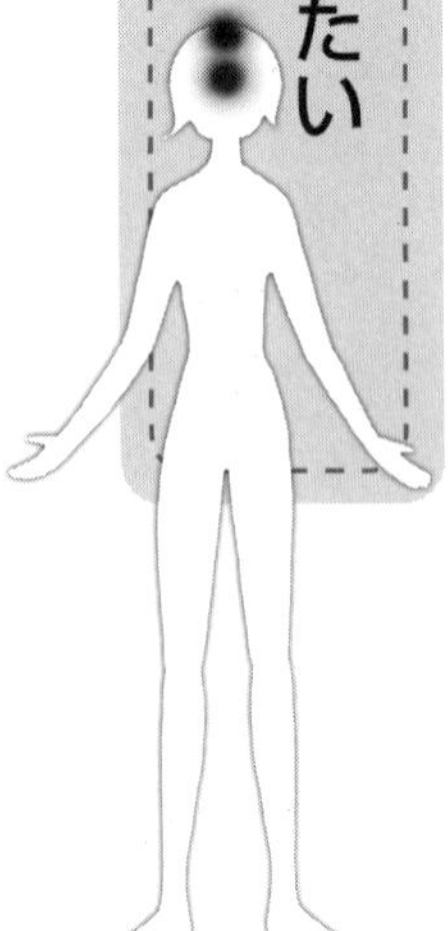

第7チャクラで宇宙とつながり、第6チャクラでサイキック能力を育てる

未来が予測できたり、他の人の気持ちが読めたり、見えない世界とコンタクトができたり……。そんなサイキック能力をアップさせたいのなら、第6チャクラと第7チャクラを活性化しましょう。

私たちがもともと持っている動物的な感覚とも言える直感力をはじめ第六感などは、社会生活を送る上で、閉じてしまっているのが現状です。

でも、この能力は誰もが持っている〝ギフト〟なので、磨けば磨くほどより正確で確かなものになっていきます。

これは、より天上に近いチャクラが開くことで閉じていたパワーが目覚めることが可能になります。

まずは、第7チャクラで宇宙とつながりましょう。

高い次元のエネルギーである宇宙とのつながり方は瞑想がベストですが、静かにリラックスできる空間でゆったりとした呼吸を行いながら、大いなる源である宇宙をイメージするだけでもＯＫです。何度かワークを行ううちに、なんとなく〝宇宙とつながった〟という感覚がわかるようになるはずですが、その感覚こそが、第7チャクラが開いた証拠。

まずは、その感覚をつかめるまで、何度かワークを行ってみてください。

付属のＣＤを聴きながら瞑想するのもおすすめです。

こうして宇宙とつながると、第6チャクラも開いてきます。

そして、あなたの元へ直感が降りて来るようになりますが、ときにそのギフトは、ビジョンとして見えたり、声が聞こえてきたり、人の気持ちがわかったり、未来のことが予測できたりなど、それぞれに一番合った能力として開花してくるはずです。

注意点としては、第6&第7チャクラを開くときは、すべてのチャクラがバランスよく開いている必要があります。

第1チャクラが閉じてグラウンディングできていなかったり、第4チャクラのハートが開いていなかったりすると、宇宙とのつながり方も偏ったものになってきます。

あくまでも、この現実世界におけるあなたという確固とした存在があった上で、高次元とつながることが大切です。

ラッキーカラー…ゴールド、シルバー、パープル、ホワイト
ラッキーパワーストーン…アメジスト、ラピスラズリ、水晶

第５章

チャクラカラーのぬり絵で開運！

ここ数年、世界的なブームとして注目されているのが、「大人のぬり絵」です。

美しい模様のデザインなどが施されたぬり絵に集中して好きな色をぬりながら取り組んでいるとリラックスすることから、乱れた自律神経を整える効果があると言われています。

また、ぬり絵をぬっている最中は、呼吸も整い、瞑想をしているのと同じ効果があるとも言われることから、セラピー効果もバツグン。

今や、ぬり絵はひとつの趣味や美しいアートとして捉えられているだけでなく、ストレス解消のツールとしても用いられるようになってきています。


そこで今回は、そんな癒し効果があるぬり絵に、チャクラカラーで色をつけながら、開運の効果も加えた「チャクラカラーの開運ぬり絵」を読者の方にプレゼント。

自分の好きな色やカラフルなチャクラカラーを使って、美しい色たちの波動を浴びながら、願いを込めてぬり絵をすることで、願望成就に一歩近づきましょう！

また、ぬった作品はフレームに入れていつも目につくところに飾ると、願望成就を自分の潜在意識の中に取り込むことになり、無意識レベルから願望を叶えようとする力が湧いてきます。また、折りたたんでバッグに入れてお守りのようにいつも身に付けるようにするのもオススメです。

さあ、早速、あなたの願いをチャクラカラーの開運ぬり絵で叶えましょう！

ぬり絵のイラストを
ダウンロードしましょう！

以下のサイトからぬり絵をダウンロードしてぬればぬりやすいだけでなく、ぬりたいときに、何度もぬり絵ができるのでオススメです！

URL
http://www.voice-inc.co.jp/content/1154

恋愛運アップ

テーマ――花と蝶

恋愛運をアップするのは、神聖幾何学をベースにした花のモチーフとその周囲を飛ぶ蝶のモチーフ。花は女性性やあなたらしさが開花することを意味し、花モチーフを身に付けたり、周囲に飾ったりすることで、人生の幸せの花を華やかに咲かせるお手伝いをしてくれます。

そして、ご存じのように蝶は「変容」のモチーフ。

「パートナーシップや恋愛を自分にゆるす」ことで、さなぎが蝶へと成長の過程で進化していくように、あなたのロマンスの扉が開き、これまでの人生が大きく変容していくはずです。

ぬり絵をぬるときには、恋愛が上手くいっている自分をイメージしながらぬると効果的です。

●使いたい色

恋愛運がアップするピンク〜赤系を中心に、好きな色で華やかさをテーマにカラフルに仕上げていきましょう。

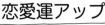

金運アップ

テーマ――果実が実る木

果実が実る木は、お金が〝実る〟ことを意味することから、風水的にも古くから金運を象徴するシンボルとして知られていますが、特に、柑橘系など黄色～オレンジ色の果実などはさらに金運をアップさせると言われています。また、上に向かって青々と茂る木の枝葉も成長を意味することから、あなたの金運をグングンと上昇させるモチーフのひとつです。

さらに、鳥は青色にぬれば、「幸運を運ぶ鳥」に、また、鳩として白色にぬるのもおすすめです。鳩は、「平和のシンボル」として有名ですが、結婚式などのお祝いの際に鳩を飛ばす風習があることからも、「祝福」や「新しい門出」などのシンボルとしても知られています。

●使いたい色

木の部分は、繁栄の色を表す緑色を中心に、果実はお金をイメージする黄色～オレンジ色で仕上げてみましょう。もちろん、あなたが好きな果実の色にしてもＯＫ。鳥の色も、あなたがピン！とくる色で自由に、かつカラフルに仕上げてみましょう。

仕事運アップ

テーマ――輝くスターになる

神聖幾何学模様がベースになったキラめく星たちがたくさんちりばめられたデザインは、あなたの仕事運アップをサポートします。

仕事運は、あなたの内側の本質や特性、才能が表に出て輝いたときに上昇します。つまり、売れっ子の芸能人を「スター」と呼ぶように、あなた自身が「輝くスターになる」のです。もちろん、まだ、あなたがこの世界で表現したいことがわからない人だって大丈夫。ぬり絵をぬることであなたの中に眠る、持って生まれたギフトとつながることができるでしょう。

●使いたい色

自分の仕事の内容とチャクラカラーを合わせてみるのもおすすめです。たとえば、営業職などで人前で話す仕事なら、コミュニケーション運をアップさせる第5チャクラのブルーを使ってみましょう。また、人の心を扱う仕事なら第4チャクラのグリーンを使ってみたり、金運アップを狙うならイエロー、ゴールドなどを使うのもおすすめです。

７つのチャクラを開く

テーマ――７つのチャクラをバランスよく開く

７色のチャクラカラーを使いながら、すべてのチャクラをバランスよく開き、整えていきましょう。

このぬり絵のポイントになっているのが、ボディの周辺に描かれたバリ語の１〜７までの数字。頭の上から時計回り（右回り）に１→２→３→４→５→６→７と数字が入っていますので、それらの数字を、まるで写経をするような気持ちで順番になぞってください。数字をなぞるときには、そのチャクラを開くことを意識しながらなぞると効果的です。

また、数字や周囲の円はそれぞれのチャクラカラーでぬって仕上げましょう。

●使いたい色

頭の上から時計回り（右回り）に１（赤）→２（オレンジ）→３（黄色）→４（緑）→５（青）→６（藍色）→７（紫）のチャクラカラーを使いましょう。

テーマ――すべての願いを叶えて幸せになる

最後に、すべての願いを叶えてくれるぬり絵をご用意しました。

これは、「オンカラ（Ongkara）」と呼ばれる「バリの最高神」を表現したシンボルです。


バリの宇宙観によると、地球上のすべては、「無（最高神とされるサンヤンウィディ）」から成っているとされています。

まず、この世界に三神と呼ばれる「ブラフマ、ウィシュヌ、シワ（インドのヒンドゥでのシバ神はイスワラ神）」により水と火と風が生まれ、それから地球が生まれたと言われています。


バリ・ヒンドゥでは、私たちの根源は「無（最高神）」であることから、すべての存在に最高神や神が宿っているという考え方をします。

そして、この三神と水・火・風、地球を表現し、同時に最高神である無を表したのがオンカラのシンボルなのです。

シンボルのそれぞれのパーツは、「ブラフマウィシュヌシワ」を表しています。
バリの人々はこのシンボルをお守りや魔除けとしていつも身に付けたり、家に飾ったりして大切にしています。

このシンボルをぬるときは、自分の願いが叶うことを祈りながらぬってみてください。
ぬった絵はフレームに入れて飾ったり、お守りにして持ち歩きましょう。
あなただけの「マイ祭壇」に飾るのもオススメ。
シンボルに向かって毎日祈りを捧げると、バリの神様にもきっと祈りが届くはずです。

●使いたい色

自分の好きな色で自由にぬりましょう。できるだけ、シンボルから光を感じられるような明るい仕上がりを目指してください。

おわりに

昨年、バリ島から日本に帰ってきました。

運命に導かれるようにして訪れ、数年間暮らした思い出深いバリ島の地を後にして、また再び、日本の暮らしに少しずつ慣れてきた今日この頃です。

帰国した新居では、新たに部屋のひとつを祭壇があるお部屋にしました。

バリ島のミラクルの〝答え〟が〝祈り〟であったように、私も日本において祈りの日々を実践するべく、バリ島で行っていたチャナンの儀式が行えるような場所を自宅の中にも作ろうと思ったのです。

もちろん、バリ島の寺院とまったく同じ儀式ができるとは思っていません。

たとえば、バリ島の寺院で使うのはバジュラというベルですが、バジュラは音が周囲に響きすぎることから、日本では代わりに音叉《おんさ》を使ったり、浄化のお香もバリ島で使うものではなく、手に入りやすいセージなどを使うようにしています。

こんなふうに、日本仕様の儀式やお参りを行いながら、日常生活の中に〝祈り〟の習慣を取り入れて、私自身もチャクラを開いて、バランスをとるようにしています。

今、バリ島から帰って思うことがあります。

それは、世界中にはさまざまな宗教、民族、文化や風習の違いがありますが、バリ島と日本はとても似ているということです。

あらゆるものの中に神を見出すバリ・ヒンドゥの考え方は、「八百万《やおよろず》の神」を信じる日本人の感性とも似ていて、私にとっても、暮らしやすい場所でした。

実は、宇宙からのメッセージに導かれて訪れたバリ島ですが、最初の頃は「ハワイの方が良かったのにな……」なんて思ったこともあったりしたくらいですが(笑)、聖職者になるというご縁もいただき、今では、バリ島は私にとって特別な場所になりました。

帰国した現在は、チャクラを輝かせる業を自然に身に付けているバリ島の人々の生き方、考え方のいいところを日本の皆さんに紹介しながら、幸せや豊かさはチャクラから変えていけるのだ、ということをお伝えしているところです。

では、どうして幸せや豊かさはチャクラで変えていけるのでしょうか?

本書でもお伝えしましたが、チャクラと宇宙はつながっているからです。

チャクラが開くと、あなたのチャクラと宇宙がつながり、おのずと宇宙の意図があなたの中に流れるように入ってくるようになります。

その宇宙の意図こそが、あなたがこの世界でもっともあなたらしく幸せに生きられる方法なのです。

また、〝祈り〟の実践においても、祭壇があればベストですが、たとえなくても大丈夫。あなたのチャクラと宇宙をつなぐためにも、この本で紹介しているマントラを意識して唱えてみてください。

マントラこそ、宇宙とチャンネルを合わせてくれる魔法の言葉です。
マントラを唱えることで、あなたは神様に対してお祈りを捧げていることになります。
すべてはエネルギーからできている、という意味においても、マントラでエネルギーを浄化しながら、あなたの望む未来をどんどん叶えていきましょう。

チャクラを通して宇宙を味方につければ、あなたの夢や目標だって思うがままです。
そんなチャクラライフを毎日楽しんでいただければうれしいです。

さて、今回、この本を作成するにあたり、出版を実現してくださった(株)ヴォイスの大森浩司さんに心よりの感謝を申し上げます。

また、出版のご縁をつないでくれたヴォイスグッズの茅場由美さん、パワーストーンを扱う（株）グランドの西田智清さん、バリ語の先生であるグデさん、バリ語の通訳の高山ときさん、チャクラを輝かせる音楽を作ってくれたTribal Blue のYusuke Kuri さん、この本の編集である西元啓子さんに素敵なデザインとイラストを描いてくださった藤井由美子さん。

皆さまのおかげで、素敵な本が出来上がってとてもうれしいです。

この場をお借りして、協力していただいた皆さまに心から感謝の気持ちと御礼を申し上げます。

それでは、いつかあなたと、あなたを輝かせるチャクラに出会える日を願って。

２０１８年４月　　松下仁美

松下 仁美 Hitomi Matsushita

イダ・アチャリア（バリ・ヒンドゥ最高位聖職者）。幼少よりオーラや次元を感じることができ、サムシング·グレート（偉大なる何者か）との対話を自覚する。オーラリーディング・感情リーディング・未来予知など、スピリチュアルな能力を発揮して、多くの人々にアドバイスを行う。生まれつき備えたチャンネルを活かして「松下式ハッピーレイキ」を確立し、高次のエネルギーラインを伝授。「心眼・真願・神眼」の意識を目覚めさせてオーラを輝かせるなど、多岐にわたる講座を精力的に開催。著書に『オーラの教科書』（アルマット）、『一生使える！ オーラの本』（PHP 研究所）、『レイキ』（アルマット）などがある。　松下仁美オフィシャルサイト http://www.hitomi358.com/

バリ島のミラクルで、あなたのチャクラはもっと輝く!
～7つのチャクラで宇宙とつながって、幸せも豊かさも引き寄せる！～

2018年 4 月 30 日　第1版第1刷発行

著　者	松下仁美
編　集	西元啓子
校　閲	野崎清春
装幀・イラスト	藤井由美子
発行者	大森 浩司
発行所	株式会社　ヴォイス　出版事業部 〒106-0031 東京都港区西麻布3-24-17 広瀬ビル ☎ 03-5474-5777（代表） ☎ 03-3408-7473（編集） 📠 03-5411-1939 www.voice-inc.co.jp
印刷·製本	株式会社光邦

ISBN 978-4-89976-477-9